兒童戲劇教育

童謠及故事的創意表現

序 言

戲劇教育（Drama Education）在歐美發展近百年，透過專家學者及現場教學的努力，它已成為一種新的戲劇創意的展現方式，不但能加深戲劇藝術的學習，也是活化學校課程、跨越學習領域的重要工具。不同於一般人對「戲劇即舞台展演」的印象，它是一種「即興自發」、重視「過程」且以「體驗」為主的戲劇活動。在1980年代的美國，較普遍的名詞為**創造性戲劇**（Creative Drama），而在英國早期則稱為**教育戲劇**(DIE)，近年也有學者以**戲劇習式**（Convention）稱之；而在澳洲，多數學者仍以**過程戲劇**（Process Drama）為主。雖然各國戲劇教育的發展模式各有特色，但是共通點都是以「人」為出發點，並以「幼兒遊戲」理論為發展的基礎。

只要常與孩子接觸，你就會發覺這種即興自發的扮演遊戲是兒童生活的一部分，透過「假裝」的過程，孩子們興之所至，自動自發且自由選擇扮演的內容與方式。憑著玩者彼此間的默契，他們把自己的經驗世界重新建構在想像的遊戲世界裡。在其中，觀眾無他，除了自己就是參與的玩伴。「戲劇教育」的理念就是希望透過這種「假裝」的遊戲本能，教師可在教室中，運用劇場遊戲、即興創作、肢體聲音開發等過程性的戲劇引導，帶領學童一起「想像、體驗且反省」自己與人類的生活經驗。

我在1980年代中赴美修習碩、博士，到1990年代初回到臺灣任教，著手進行**戲劇教育**的師培及研究工作。轉眼，我的學術生涯已過了近四分之一世紀，初期在幼教系，翻譯華人區最早的戲劇教育專書——《**創作性兒童戲劇入門**》（1994）進行行動研究，發展本土幼兒園戲劇課程模式與教學案例。2003年後，在臺南大學先後創立戲劇研究所及戲劇創作與應用學系，而個人的研究也轉向中小學表演藝術課程、評量方法及教師專業成長等方向。隨後，在一個因緣際會下，我又受邀擔任臺灣幼兒園新課綱美感領域的召集人，開始了課綱撰寫及美感教育研究工作；之後美感教育成為臺灣教育部門

序言

發展重點，我又受邀主持美感向下扎根五年計畫，在各縣市開展100所美感特色幼兒園，也因此參與許多藝術及戲劇教育推廣工作，深入了解現場教師的需要。

中國也從千禧年後，在各界的引入及推波助瀾下，有許多幼兒園及小學老師也都陸續加入戲劇教育學習的行列。不過，**戲劇教育**這項看似簡單、有趣又充滿創意的課程，要教得好又符合學習者發展，對初學教師而言，是相當困難的。加上戲劇課程中，許多的創意是即興萌發的，當一群學生活躍地在空間中，發揮想像，並以肢體聲音展現想法時，若教師沒有充分的準備、教學能力與教室管理的技巧，結果將會是一團混亂的局面。因此，除了理解理論及教學原理外，教師最需要的，就是實際的教學教案，由淺而深，循序漸進地提供案例的引導。這本書也是在這樣的需求下應運而生。雖然看似薄薄的一百多頁，但是卻是累積我個人20多年教學經驗，加上學理基礎，逐漸醞釀紀錄、書寫、再實作後修正完成的。

本書是接續《兒童戲劇教育：肢體與聲音口語的創意表現》這本教師戲劇指導入門的第二本書。針對戲劇教育的進階課程，以**童謠**及**故事**作為戲劇創作的藍圖而發展的教學實例書。首先，在**第一章**中，先從基本定義、功能、課程內涵及不同層級的教學目標，來介紹戲劇教育的概念。**第二章**將特別針對「故事戲劇」的設計原理，從最簡單的歌謠、童詩和聲音故事到初、中、高級各種故事戲劇創作的原理作說明。除了課程外，教學中戲劇策略的應用、分組方式、空間場地、道具配備、師生的默契等各種影響教學成敗的因素都需要納入考量，**第二章的第三節**到**第五節**，就是針對這個部分書寫，建議初學者要多花點時間好好地琢磨。

從**第三章**到**第六章**，全都是戲劇的教學實例分享。**第三章**是「歌謠童詩」的教學實例，**第四章**提供「聲音故事」的實例；最後，**第五、六章**則包括「初級故事戲劇」、「中級故事戲劇」和「高級故事戲劇」等教案實例。教師們可以參考書中所附的教學目標，依據不同參與者的年齡、經驗，來決

序 言

定要以**初級故事戲劇創作**、**中級故事簡易分享**或**高級故事戲劇完整呈現**來進行活動。另外，教學時間也是一大考量，本書的故事戲劇活動系列，就是為教師提供基本的選擇，若是只有1到2堂課，就以初、中級的課程為主，但若是有4到6堂課的連續時間，且很想把完整的故事呈現出來，就可以採用高級的課程模組，在與學生進行分段的發展後，還可以做最後完整的展演呈現。

　　戲劇教育這幾年在臺灣熱烈展開，但還是需要依賴系列書籍的出版，在堅實的理論基礎、教學原則、系統化的課程及教學實例的提供下，才能讓一套新興的教學方法落地生根。也希望學生們在上了戲劇課後，能夠在戲劇的互動中，獲得更多「具體」的機會來了解自我的潛能，體驗生活、欣賞自己與他人的表現、溝通分享彼此的想法、學習與他人合作並有能力解決所面臨的問題。

　　本書的完成最想要感謝的就是我的家人，在他們長期的支持下，讓我在行政、教學與研究之餘，還能利用時間完成此書。同時，也要謝謝歷年參與我課程與研究的學生、教師同儕們，因為有了實際戲劇教學的回饋來源，才能讓這些活動愈修愈好。最後，還有我的助理們—純華、君如、宜樺，一直從旁協助我進行整理的工作，才能將本書順利完成。

林玫君

國立臺南大學藝術學院院長
戲劇創作與應用學系教授

目　錄

目　錄

第 **1** 章
戲劇教育之基礎概念

「戲劇」常以多元的面貌在我們生活與教育的領域中出現。從最原始的兒童扮家家酒類的「戲劇遊戲」，到教師引導的戲劇教育創作性活動，甚至專業演出的「兒童劇場」或學校展現成果的「戲劇表演」，都屬於兒童戲劇的範圍。然而，兒童的扮演遊戲，常常一閃即逝，而教師引導的戲劇活動也以過程為主，反而「兒童劇場」或「成果表演」這類的戲劇表演，通常有完整的演出，加上舞臺、道具、音效及燈光的烘托，就讓人印象深刻。這也讓一般大眾形成一種刻板印象，以為「演戲」是一項龐大的工程，要專業人士才能進行，而一般學校的教師就不敢輕易嘗試。

事實上，一般以「成果展現」或「比賽演出」的活動，不一定適合兒童學習及課程發展的需要，而「戲劇教育」（有人稱為「創造性戲劇」、「過程戲劇」、「教育戲劇DIE」或「戲劇習式」等）這類在歐美流行近百年的戲劇教育學，就比較符合兒童發展與教育理念。它是一種「非正式」、重視「經驗歷程」的即興互動戲劇活動，源自進步主義及杜威的經驗論，加上戲劇/劇場的活動手法，經過各國專家的發展研究，如今成為一股新的教育思潮，更是想要推動美感、創意及活化課程的教育典範。

第一節　從定義範圍看兒童戲劇教育

壹、兒童戲劇教育之定義

「戲劇教育」（Drama Education）在歐美已被廣泛地應用於表演藝術及一般課程與教學中，由於其帶領方式與應用的範圍相當多元，各國教育學者對這類的活動也有不同的稱呼。在美國，早期有些人稱它為「創造性表演」（Creative Play Acting）或「戲劇教育術」（Creative Dramatics），1980年代後，新的名稱「創造（作）性戲劇」（Creative Drama）成為較普遍的用詞。在英國，有人稱為「教育（習）戲劇」（Drama-in-Education, DIE）；當它以劇場的型態出現時，就被稱為「教習劇場」（Theatre-in-Education, TIE），而當下常用戲劇慣用手法或習式稱呼（Drama Convention），目前而言，「教育戲劇」（Educational Drama）、「過程戲劇」（Process Drama）是常用的名詞。其實，無論「戲劇教育」如何被稱呼，其本質與內涵必須有清楚的界定，如此才能發揮它預期的教育功能。從學理上分析，「戲劇教育」的基本定義是：

> 一種即席、非表演且以過程為主的戲劇形式。其中由一位「領導者」帶領一群團體，運用「假裝」的遊戲本能，共同去想像、體驗且反省人類的生活經驗（Davis & Behm，1978）。

戲劇教育是透過戲劇的互動方式，由領導者引導參與者去探索、發展、表達及溝通彼此的想法、概念和感覺。在戲劇活動中，參與者即席地發展「行動」與「對話」，其中內容符合當下探索的議題。過程中，參與者的媒介是戲劇元素或劇場的表現形式，透過這些象徵性的符號，參與者的經驗被賦予了表達的形式與意義。

戲劇教育的目的在促進人格的成長及參與者的學習，而非訓練舞臺的演員。它可以用來介紹戲劇藝術的內涵，也可以用來促進其它學科領域的學習。戲劇教育對參與者的潛在貢獻為發展語言溝通的能力、問題解決能力和創造力。此外，它能提升正面的自我概念、社會認知能力和同理心，澄清價值與態度，並增進參與者對戲劇藝術的了解。

總而言之，戲劇教育是一種即興自發的教室活動。其發展的重點在參與者經驗重建的過程和其動作及口語「自發性」的表達。在自然開放的教室氣氛下，由一位領導者運用發問的技巧、講故事或道具來引起動機，並透過肢體律動、即席默劇、五官感受、情境對話等各種戲劇活動，來鼓勵參與者運用「假裝」的遊戲本能，去表達自己的身體與聲音。在團體的互動中，每位參與者必須去面對、探索且解決故事人物或自己所面臨的問題與情境，由此體驗生活，了解人我之關係，建立自信，進而成為一個自由的創造者、問題的解決者、經驗的統合者與社會的參與者。

　　「戲劇教育」是基於兒童扮演遊戲的理論，它是兒童天生的本能，更是兒童發展學習的重要媒介。正如戴維斯和班姆(Davis & Behm, 1978)所言，「人類透過自發性的扮演方式，來表達自己對外在世界的理解與感覺，在過程中，他必須運用邏輯推理與直覺想像的思考來內化個人的知識，以產生美感的喜樂」。在日常生活中，我們可以常常看見兒童熱衷地投入辦家家酒類的遊戲，只要在一個「假裝」的祈使句下，他們就會呼朋引伴，相約進入某段虛構的情境；他們會發揮想像，轉換角色道具、場景與時間，興致勃勃地玩起這種戲劇遊戲。因此，在許多兒童教育的理論與研究中，「戲劇扮演」常被公認為最符合兒童的發展，又能夠幫助學習的活動。身為教師，若能善用這種符合兒童發展的學習模式，則更能提升他們的學習興趣與表現。

　　「戲劇」本來就是一種綜合又統整的表現形式，它包含文本發展、口語溝通、肢體表達、社會互動、角色同理、視覺與聽覺表現及美感欣賞等，而「戲劇教育」更是融合戲劇扮演和教育原理的一種教學方法。在戲劇活動中，兒童常有機會「發揮想像」、「運用感官」去覺察，並嘗試以「身體動作與口語」表達自己的感受與想法；在面臨許多戲劇的兩難困境時，他們需要進行「獨立思考」及「問題解決」的挑戰，透過這個歷程，能夠認識自我、建立自信並學著處理自己的情緒與不同的人際關係。從統整課程的精神出發，它是培養兒童成為一個全人的最佳方法。從活化教學的角度來看，它是最容易連結各種不同的課程，成為翻轉學習的最佳媒介。若從多元智慧的觀點分析，它更是為各類智慧傾向的兒童提供一個學習與自我表現的平臺。之後，本書會以多元智慧的觀點來分析戲劇教育對兒童發展與學習的影響。

貳、兒童戲劇教育之範圍

大致而言，與兒童戲劇有關的戲劇活動，可分為下列三大類：一為「兒童自發性戲劇遊戲」，二為以「戲劇」形式為主的即興創作，最後是以「劇場」形式為主的表演活動（林玫君，2005）。

一、兒童自發性戲劇遊戲（Dramatic Play）

只要常與兒童接觸，就會發覺這種戲劇遊戲（扮家家酒）是兒童日常生活的一部分，透過這種「假裝」的扮演過程，兒童把自己的經驗世界重新建構在虛構的遊戲世界裡。這類遊戲的「內容」，包含自己生活的經驗（如當媽媽、當教師、買東西、開店等）或一些想像世界中的人物（如超人、怪物、仙女、皮卡丘等），發生的「地點」可以在任何的地方，從房間到客廳、從家中到學校、從室內到室外，無處不宜。在遊戲中，他們能隨興所至、自動自發、自由選擇、不受外界的約束，只憑玩者彼此間的默契。其中觀眾無他，除了自己就是參與的玩伴。此種戲劇扮演是兒童與生俱來的本能，當中的「組成人員」就是每位參與遊戲的人；而「創作來源」則是兒童現實生活中的經驗或幻想世界的故事；「時間」與「地點」不拘；使用的「材料」也隨著地點的轉換而改變。本質上，重視兒童自發內控的動機、內在建構的過程、熱烈的參與以及玩後所帶來的正面情意作用。

二、以「戲劇」形式為主的即興創作

這類活動多以「戲劇」形式出現，但「本質上」強調即興創作的過程，「目的」則以參與者的成長與學習為主。其「組成人員」是不同年齡階層的學生團體，「參與者」同時為表演者、製作者及觀眾。「發生的地點」多在教室中，「時間」以上課時間為主，使用的「材料」為教室裡隨手可得的實物或簡單的道具。由於實施方法的不同，暫以幾個歐美戲劇專家常用的名詞為代表進行介紹：

（一）創造性戲劇（Creative Drama）

如前述之定義，創造性戲劇是一種「即興、非表演性質且以過程為主的戲劇活動。其中，由一位領導者帶領參與者運用「假裝」的遊戲本能，去想像、反省及體驗人類的生活經驗」（Davis & Behm，1978）。在自然開放的教室氣

氛下，透過肢體律動、五官認知、即席默劇及對話等戲劇形式，讓參與者運用自己的身體與聲音去傳達或解決故事人物或自己所面臨的問題與情境，進而建立自信、發揮創意、綜合思考且融入團體，成為一個自由的創造者、問題的解決者、經驗的統合者及社會的參與者。

此種戲劇活動乃是兒童自發性的戲劇扮演遊戲（Dramatic Play）之延伸。「組成人員」包含一位引導者及一群團體，「內容」則是即興的故事或意象，「地點」可以在教室或任何地方進行，而「觀眾」同時也是參與者。此外，在「本質」上，它也強調參與者「自發性」的即興創作及重「過程」不重結果的特色。

（二）教育戲劇（Drama-in-Education）

此名稱仍創造性戲劇之英國版本，英文中又簡稱為D-I-E。這是一種重過程且以即興創作為主的戲劇活動。其組成的「人員」、「場地」及「時間」的應用與創造性戲劇相似，但其教學的目標、戲劇發展的觀點、主題的選擇及帶領的方式卻不盡相同。這類戲劇之專家（Bolton，1979；Heathcote & Bolton，1995；O'Neill & Lambert，1982；Wagner，1976）認為戲劇應該不只在發展「故事或戲劇」本身，而是在參與者對相關議題的深度了解。透過戲劇的媒介，參與者和領導者都以「劇中人物」或「一般討論者」的身分，在戲劇的情境內外出現。透過一連串的討論與扮演，參與者必須橫跨「過去」、「現在」和「未來」的時空，在戲劇的「當下」做即興的參與並解決問題。通常，歷史或社會人物及事件是這類活動的題材來源。由於教育戲劇中的領導者常需利用角色扮演及問題討論之方式引導活動進行，因此，領導者通常必須具備充分的戲劇訓練之背景才有辦法掌握得宜。雖然在焦點、內容或方法上有所不同，戲劇教育的「本質」仍與創造性戲劇相似，強調自發即興參與的過程，而非事先演練的結果。

（三）發展性戲劇（Developmental Drama）

這類名詞來自加拿大，由理查・柯特尼發展運用。根據柯特尼的定義（Courtney，1982，引自McCaslin，1990），發展性戲劇是研究人類互動的發展模式。戲劇是聯繫個人內在心理與外在環境之主動的橋樑。因此，發展性戲劇的研究就包含個人與文化及其雙方面互動的部分。這些研究也觸及其他的相關領域，如個人層面的心理學與哲學的研究及社會層面上的社會學與人類學的研究。發展性戲劇本身的焦點在戲劇的行動（Dramatic Act），而其實務的發展仍需以上述之理論研究為基礎。

由上述定義可知，發展性戲劇特別重視戲劇與其它研究領域的結合，不過在一般實務應用上，它的發展未如前兩者戲劇活動那麼普遍。其組成人員、創作來源、時間、地點、實物的組織方式與美式的創造性戲劇或英式的教育戲劇類似，而在本質上，它仍強調戲劇創作的過程及對「人」與「社會」相關內容的發展。

（四）過程戲劇（Process Drama）

「過程戲劇」一詞源自1980年代末，有些澳洲及北美的戲劇教育工作者，想要以它來區辨一般劇場中常用的即興創作技巧。它通常是從一個前文本（Pretext）出發，吸引參與者進入某些戲劇情境，接著運用劇場的創作元素進行一系列具目的性的即興創作。在過程中帶領者就如同一位劇作家，透過層層複雜的組織編排，不斷地營造戲劇張力，引領參與者建構不同的戲劇脈絡，深入戲劇的焦點，對主題產生更深刻的個人意義與理解。

西西妮‧歐尼爾（Cecily O'Neil）在1995年所出版的 *Drama Worlds: A Framework for Process Drama* 中提到，過程戲劇的發展來自英國戲劇教育家蓋文‧伯頓（Gavin Bolton）和桃樂絲‧希斯考特（Dorothy Heathcote），它與教育戲劇（D-I-E）類似，屬於一種較複雜且深入的戲劇教育發展模式。參與者於其中即興扮演一系列的角色，以不同的觀點探索事件本身，提高參與者的意識，並對相關主題產生新的體會與理解，只是「過程戲劇」企圖回歸戲劇/劇場的本質，鼓勵更多劇場與戲劇手法的編排與運用。

（五）戲劇習式（Drama Convention）

強納森‧尼蘭德斯（Jonothan Needlands）和東尼‧古德（Tony Goode）在《建構戲劇：戲劇教學策略70式》（*Structuring Drama Work: A Handbook of Available Forms in Theatre and Drama*，2000）中提出了戲劇「習式」（Drama Convention）這個名詞。他們認為在戲劇教育中所使用的策略與傳統劇場中所慣用的手法相似，都是想要以「劇場藝術的象徵手法」創造戲劇中不同想像的時間、空間和存在特質，來回應人類的基本需要及詮釋人類的行為。其依據各種戲劇習式不同的特性，經過刻意的組織編排，將戲劇習式分為「建立情境活動」、「敘事性活動」、「詩化活動」及「反思活動」等四大類，並在書中，以實例說明個別習式之使用方式。

三、以「劇場」形式為主的表演活動

　　戲劇呈現方式多以「劇場」為主要媒介，藉以達到娛樂、教育宣傳或藝術欣賞之目的。其「組成人員」多為專業工作人員，由導演統籌計畫分工；「觀眾」則來自其他單位。「題材」主要來自劇作家或集體表演者的生活體驗，但隨著不同的劇場呈現之方式，有些保留觀眾參與合作的機會，有些劇情甚至會隨觀眾即興參與創作的情況而改變。「空間」多由舞臺、場景、音樂、燈光等特殊效果虛擬而成；演出「時間」通常以60～90分鐘為限。「實物及創作素材」以道具加上服裝及化妝的配合，以烘托劇場之效果。「本質」較著重戲劇呈現的結果。綜合兒童劇場專家之意見，其範圍包含下列：

（一）兒童劇場（Children's Theatre）

　　廣義而言，任何與兒童有關且以劇場形式呈現的戲劇活動，都可以被稱為兒童劇場。這是最早且最普偏使用的名詞，但因其運用的範圍太過廣泛，以致兒童的年齡層不清，演員及製作群的來源也不明。因此，近年來一般專業劇場及美國戲劇教育協會成員較少使用「兒童劇場」一詞，而以「為年輕觀眾製作的劇場」來替代。

（二）為年輕觀眾製作的劇場（Theatre for Young Audience）

　　根據戴維斯和班姆（Davis & Behm）在1978年的報告，「為年輕觀眾製作的劇場」是替代傳統「兒童劇場」的新名詞。它特別強調是由專業演員表演給年輕觀眾欣賞的劇場。若從觀眾群的年紀區別，又包含了兩種類型的劇場：為兒童製作的劇場（Theatre for Children）及為青少年製作的劇場（Theatre for Youth）。前者是指專為幼稚園或小學生設計的劇場表演，年齡層在五歲至十二歲間；後者則是指「為中學生設計的劇場表演」，年齡層為十三歲到十五歲。兩者的組合就是「為年輕觀眾製作的劇場」（Theatre for Young Audience）。

（三）參與劇場（Participation Theatre）

　　發源自英國，由彼得・史雷（Slade，1954）首創，至布萊恩・魏（Way, 1981）發揚光大。它屬於新興劇場的一種特殊形式。其劇本先經過特別的編寫組織，讓觀眾能在欣賞戲劇的過程中，參與部分的劇情。一般觀眾參與

的程度，可由最簡單的口語回應至較複雜的角色扮演等方式。在每次參與的片段中，演員扮演領導者的角色，引導觀眾去反應或經歷劇情的變化。座位的安排也依觀眾參與的程度而規劃。一般而言，這類的劇場形式在內容上彈性很大，且多半呈現給五歲至八歲的兒童欣賞；而且年紀愈小的觀眾，愈能投入戲劇的互動情境。

（四）教習劇場（Theatre-in-Education）

同樣發源於1960年代的英國，它是「教育戲劇」（D-I-E）的「劇場」版本。與其說它是一種兒童劇場，倒不如說它是一種兒童戲劇活動的方式。只是其「媒介物」除了戲劇本身之外（Jackson, 1960），還包含劇場各種特殊的效果，如燈光、音效、佈景與道具。「教習劇場」的目的希望幫助兒童釐清人我關係，發展建全人格並增進個人理解力。透過「劇場」的刺激與演教員的引導，參與者必須思考與劇情相關的教育議題。透過參與解決問題的過程，參與者試著去同理和了解不同角色的兩難情境。

「教習劇場」是介於「教育戲劇」與「劇場」形式中的一種活動方式，「人員」的組成雖然和劇場雷同，包含專業的演員、工作人員與觀眾，但其功能卻與教育戲劇中的「成員」相仿，演員常以教師或領導者的角色出現，觀眾也常以劇中人物的身分參與戲劇的呈現。「取材的內容」雖經過精心的籌畫與安排，但其運用的目的是為引發更多的參與以影響劇情的發展，非固定的結局。它運用了場景、時間、音樂及道具等「劇場的效果」，希望藉此擴大戲劇的張力與衝突。比起一般在教室中進行的戲劇教育活動，它的震撼力更為強烈和凸顯；因此，也更能引發參與者思想、感情及行動的全部投入。

四、其他兒童戲劇相關名詞

除了上述幾項主要的劇場形式外，還有一些常見或常常聽到與「兒童戲劇」有關的名稱，以下一一介紹：

（一）娛樂性戲劇表演（Recreational Dramatics）

這是學校或幼稚園為呈現教學成果，以「兒童」為主要演員，而由成人編劇或導演製作的戲劇表演活動。由於是正式的劇場演出，多強調劇中人物與劇情張力的發展，著重藝術整體的合作與結果的呈現，因此，無論對兒童演員或

成人製作群而言，都是相當大的挑戰與負荷。尤其對年紀較小的兒童而言，要求他們照成人設計好的臺詞與臺步，粉墨登場地演出，從教育與發展的觀點來看，意義不大。但教師若能適切地由平時教室自發性的戲劇活動中找尋兒童自我創作的題材，經過數次的發展活動，在兒童主動的要求下，演給其他班級或全校師生欣賞，且以分享兒童內在的想像世界為主，這便較符合兒童發展的原則。

（二）由兒童演出的劇場（Theatre by Children and Youth）

此乃美國戲劇協會之定義，強調由兒童演出給其他兒童或成人觀賞的劇場，且藉此用來區辨其與「為」兒童演出的劇場（Theatre for Children and Youth）的不同。因此，無論是何種劇場，只要其多數演員為兒童，就屬此類。例如前述的娛樂性戲劇表演就是「由」兒童演出的劇場。若主要演員為成人或觀眾對象為兒童，就是「為」兒童演出的劇場。

（三）故事劇場（Story Theatre）

這是一種利用口述方式的文學而呈現的劇場形式。通常演員透過直接講述故事與戲劇表演的雙向方式來呈現故事的內容。有時依劇情之需要，演員也會變成動物、道具或場景的一部分來呈現劇情。早期劇團多利用現成的劇本，近年來，很多的劇團開始以即興的方式來創作劇情。不過，無論劇情的來源為何，以「口述」來呈現劇情的表達方式是其最大的特色。

（四）讀者劇場（Readers Theatre）

與故事劇場相似的一點，讀者劇場也重視運用不同的口語詮釋來呈現戲劇內容，只是通常演員的手中都握有已寫好的劇本。雖然演員在口述時會有部分戲劇化的表現，但很少有所謂戲劇的互動表演。演出的場景可由最簡單的一張椅子至複雜的戲幕背景，全由導演所想要達到的效果而定。

表1-1呈現了三種戲劇形式的特色及相關內容。

表1-1 三類戲劇形式的特色一覽表

戲劇分類	自發性戲劇遊戲	以「戲劇」形式為主的即興創作	以「劇場」形式為主的表演活動		
相關名稱	·象徵性遊戲 ·想像遊戲 ·假裝遊戲 ·社會戲劇遊戲	·創造性戲劇 ·教育戲劇 ·發展性戲劇 ·過程戲劇 ·戲劇習式	·教習劇場	·參與劇場	兒童劇場 ·（由）為兒童演出的劇場 ·故事劇場 ·讀者劇場
組成人員／演出製作	兒童玩伴，隨興組織，同時為演出者及製作者	團體同儕及受過戲劇訓練之帶領者或教師，同時為演出者及製作者	演教員和專業製作人員組織劇情並引導觀眾參與	導演、專業人員分工製作；演員負責演出	導演統籌計畫、專業人員分工製作；演員負責演出
觀眾角色	沒有特定的觀眾，在演出、製作及觀眾角色間輪替互換	沒有特定的觀眾，在演出、製作及觀眾角色間輪替互換	觀眾隨時成為演出者及批評者	有時觀眾會參與部分演出活動	觀眾被動欣賞
劇情	即興創作	即興創作	事先安排主題結構，其他由觀眾與演教員即興創作	事先安排的劇情，但保留觀眾參與合作的機會	已寫好的劇本
創作來源	題材來自生活或幻想世界	題材來自故事、生活議題或想像	題材多為生活及教育議題	題材以幻想及娛樂為主	題材來自劇作家或集體表演者的生活體驗
地點	任何地方	以教室空間為主	劇場空間配合教室空間；劇場空間由舞臺與場景虛擬而成	劇場空間由舞臺與場景虛擬而成	劇場空間由舞臺與場景及音樂燈光等特殊效果虛擬而成
時間	任何時間，短至3分鐘長至半小時	以上課時間為主，通常以30-50分鐘為限	演出時間配合上課時間，通常以60-90分鐘為限	演出時間通常以60-90分鐘為限	演出時間通常以60-90分鐘為限
實物	日常生活中隨手可得的用具或簡單象徵性材料	教室中桌椅及隨手可得的用具或簡單象徵性材料	道具加上音效、燈光和服裝、化妝的配合	道具加上音效、燈光和服裝、化妝的配合	道具加上音效、燈光和服裝、化妝的配合
本質	重過程、內在現實、即興反應、自由選擇、主動熱情參與	重過程、內在現實、即興反應、自由選擇、主動熱情參與	重過程、內在現實、即興反應、自由選擇、主動熱情參與	重視互動的效果；有限的選擇和參與	重視呈現的結果；以接受性的欣賞為主

第二節　從多元智能看兒童戲劇教育

近年來Gardner（1983）所提出的「多元智能」觀點受到各界肯定，認為傳統以「智商」為唯一標準來評量兒童智能的想法應該突破。建議從「多元面向」，如肢體動覺、空間、音樂、人際、內省、語文、邏輯數學、自然觀察等，來看待個人智能。「戲劇」本身就是一種綜合性藝術，可讓兒童有機會探索並運用多元智能的機會，到底戲劇與多元智能的關係如何，我們一起來探究。

壹、肢體動覺智能

戲劇的基本活動就是肢體與聲音的表達與創作。兒童必須學習如何使用及控制自己的身體，在自己與他人的空間中取得平衡，以便能靈活自如地表達心中的想法與感覺，此乃肢體動覺智慧的展現。從模擬各類動植物及人物的聲音動作，到參與感官知覺默劇遊戲及故事戲劇，兒童實際體驗自己身體如何組合動作、如何在空間中移動及如何與他人維持身體動作的關係。透過反復的練習創作，兒童逐漸累積自己身體與動作經驗的連結與表現。

貳、空間、音樂智能

一、感官覺察

戲劇活動中的另一項基本要素就是培養五官覺察與感受的能力。在學前階段，「五官覺察與感受」本來就是兒童接觸與學習外在環境的最佳媒介。在戲劇活動中，教師透過具體的引導，如嗅覺（擦上防曬油）、味覺（品嘗食物）、視覺（配飾或衣物）、聽覺（環境或特殊的聲音）、觸覺（睡在毛毯上）五官覺察等方面，讓兒童發揮想像，進行戲劇創作。透過不斷地轉化與練習，兒童的觀察力與五官感受能力提升，他們逐漸也能直接利用想像及肢體動作來表達實際並不存在的五官體驗。

在所有的感官覺察中，「視覺創作」或「聽覺的音樂即興」是最普遍性的活動。尤其戲劇/劇場是一門綜合藝術，透過肢體、口語及音樂、視覺等各方

藝術家的合作，才能達到藝術美感的呈現。在教室中的戲劇活動也是一樣，經由師生即興創作，兒童能利用簡單的方式，試驗不同藝術元素的組合，並了解與感受自己創造的樂趣。透過想像，配合簡單的音樂與藝術媒材，教室中的桌椅變成石洞，天花板變成天空，門窗變成樹木藤蔓，自己變成了怪獸，而小小的教室在一眨眼間變成了野獸島，許多現實世界的人、地、事、物竟能透過戲劇的效果，神奇地變為劇中角色、場景、道具及劇情。如此深刻的綜合藝術之美感體驗，實為兒童開啟早期應用與欣賞音樂、視覺與戲劇藝術之門。同時，它也能培養兒童對生活美的賞析力，比起一般單向式傳達的電視節目，這種從戲劇活動中得到的真實體驗，是豐富而雋永的。

二、創造想像

想像與創造是戲劇活動的基本能力，要兒童想像的首要條件就是必須跳開此時此地的限制，進入時光隧道，把自己投射到另一個時間、空間與人物的生活中。當兒童的想像能力發揮時，即使面對不存在的事物，他們也能運用心中的意象及動作，假裝真的看到、聽到、吃到、聞到、摸到及感受到周遭的世界。根據皮亞傑的理論，參與者的象徵性戲劇遊戲也反映其表徵思考的運作能力，而其表徵思考能力取決於其是否能夠創造心智意象（Mental Images），也就是把不存在的事物想像或創造出來的能力。

戲劇教育的主要目標就是在發展參與者的想像力與創造力。比起教室中的素材／教具（如美勞材料、積木益智玩具）以材料及造型來發展參與者的創造力，戲劇活動是以個體的身體口語為媒介，並以實際的生活為題材，透過引導，兒童嘗試用自己的「心眼」（Mind's Eye）去回喚及觀照過去的生活經驗，計畫並用行動呈現出想像中的時空、人物事件及道具。同時，他們也在實際的情境中，利用個別變通的想法，解決問題。這類屬社會性及生活性的創造力，唯有在戲劇活動中，才能逐漸培養發展。

參、內省智能

一、自我概念

教育最大的目標就是幫助個人發現及發展自己特殊的潛能。著名的戲劇教育學者喜克絲女士（Siks，1983）曾提及：「戲劇教育重在參與者即興自發的創意，它能不斷地引領每個人去發掘自己內部深藏的寶藏，且促使自己不斷地

成長，以實現自我。」在戲劇中，自發性的表達與分享是相當重要的一部分。當兒童發現自己的聲音與身體能創造出多元的變化，自己的想法與感覺也能完整地被接受與認同時，他們對自己的信賴感就會油然而生。當兒童有機會扮演一些吸引自己的角色，如國王、公主、英雄或精靈等人物時，一股自信的豪氣則呼之即出。所謂的主角已不再是少數具有特殊天份兒童的特權。在戲劇教育的世界中，人人可以為王稱后，個個都能以自己的方式扮演心中嚮往的角色。

二、情緒處理

在日常生活中，每個人都會不時地感受自己各類的情緒，而一個成熟的個體必須有處理這些感覺的能力，包括「認識感覺」、「接受並了解其與社會行為的因果關係」、「適切合宜地表達感覺」及「對別人感覺的敏感性（同理心）」，一如戲劇遊戲為兒童提供了一個安全自在的情境。其中，領導者鼓勵並接受兒童分享與表達各類的情緒和感受。透過情緒認知（Emotional Awareness）、情緒回溯（Emotional Recall）、情感默劇（Pantomime for Emotions）及角色扮演（Role-playing）等活動，教師引導兒童去回想、體驗及反省自己與他人的情感世界。在實際的戲劇行動中，兒童將自己的情緒投射於新的情境與人物上，藉此重新認識自己的情緒，接受、了解情緒與社會行為的關係，並學習如何適切合宜地表達情緒。

肆、人際智能

一、社會觀點取代能力

能從他人的角度來看事情的能力，稱為社會觀點取代（Perspective Taking）。它被視為社會技巧發展的先決條件（Hansel，1973）。由於戲劇活動提供許多角色扮演和團體互動的機會，兒童必須時常站在不同的角度看事情。例如：在角色扮演前的討論中，透過「主角是誰？」、「他的問題為何？」、「如果是你，會怎麼行動？為什麼這麼做？」、「如何與其他角色維持劇中的關係？」、「如何解決主角面臨的問題？」等問題，兒童必須在不同的情境中，把自己想像成他人，依據對不同人物所具備的知識與經驗來做判斷。從扮演不同角色的當下，兒童重新體驗別人的生活，面對別人的問題，並試驗失敗或成功的方法。當兒童實際與同儕或角色互動後，他們對別人行為的觀察、解釋與體驗能幫助其進一步了解他人的感覺、情緒、態度、意圖及想法等重要訊息。

二、社會技巧

除了社會觀點取代能力外，戲劇教育也幫助兒童其它社會技巧的提升。在戲劇活動之始，兒童需要加入團體、一起計畫、腦力激盪、組織人事並分工合作，漸漸地，個人與同儕的聯繫和歸屬感就因此而建立。在同一個戲劇事件中，兒童會因著個別的經驗與觀點的不同而產生衝突。為了維持活動的進行，兒童必須站在不同的角度來面對問題，並應用分享、輪流、接納及溝通等社會技巧，來面對衝突並找尋解決之道。

三、批判能力：價值建立和判斷

今日的多元社會，瞬息萬變，錯綜複雜。拜電腦及科技之賜，我們得以享受網路交通之便。個人與世界的接觸面越來越廣，必須面對的情境與人事也越多越雜，而戲劇正可提供兒童接觸各種人的情境，讓他們超越時空、年紀、國界與文化的限制，去發現人類共通的連結並提早了解自己即將面臨的社會處境。

面臨當今的社會，兒童也必須及早學習如何在複雜的選擇中做決定，在多元的價值中做判斷。許多的戲劇情境正能提供兒童用自己的想法與判斷去做決定的機會。在戲劇互動的情境中，兒童能夠馬上檢核自己行動的後果並連結因果的關係。因為是「假設」的情境，在選擇上他們有更多的彈性；在心理上，也有更大的安全感。在多次的戲劇體驗中，兒童經歷了許多的衝突與抉擇。透過反復的行動，兒童學習在不同的境遇中做決定。同時，在不斷的衝突與轉折中，他們也學習體會生活與生命的無常，並練習其中的應變之道。在現實生活中，若碰到類似的遭遇時，就較能接受、了解且安撫自己心中的不安，並能冷靜思考解決之道。

伍、語言智能

一、口語表達

戲劇活動的推進，常要倚賴師生與同儕團體間口語的表達與溝通。透過非正式的討論、即興的口語練習以及分享活動，兒童不斷地在實際的情境中使用語言，且配合著語言的情境與人物的感情而表達出來。在扮演各種人物時，兒童必須試驗不同聲調、語氣並融入各種表情手勢，讓別人更清楚地了解劇中人物或自己所想要表達的意思，漸漸地，他就能靈活地運用這些非語言的工具傳

達訊息。由於戲劇活動著重參與者即興性的口語表達，兒童在具體的情境中組織、思考並重組創造語言，這對其口語創作產生很大的鼓勵作用。這種全語言的語用環境，正是發展兒童語文能力的最佳方法。

二、讀寫發展

許多戲劇活動的題材來自歌謠、童詩及故事等文學作品。經由親身參與扮演的過程，兒童對於故事的內容有進一步的了解，而對這些雋永的文學作品也有更深刻的體認。此外，他們必須用自己的語言重新組織、思考、詮釋且表達對不同故事的觀點與內容。教師若在戲劇活動後，鼓勵兒童寫下或畫下自己對故事的感想或創作，其對兒童閱讀及寫作能力的提升有相當大的成效。

陸、邏輯思考、自然觀察智能

一、認知思考：資訊收集、處理和解決的能力

皮亞傑認為（1962）「知識的來源是個體主動建構的過程」，而戲劇正是提供兒童具體建構知識和自我思考的媒介。在戲劇活動中，教師常以入戲的方式提出疑問：「主角是哪些人？」、「他們長得像什麼樣子？」、「後來發生什麼事？」、「如何解決這個人的問題？」、「若換成你，會不會那麼做？」而兒童也要以劇中人物的身分去思索、創造和辨別，運用這些高階的能力進行思考，甚至必須做出決定以解決自身面臨的問題。在不同的故事與情境中，透過實際參與，兒童嘗試著處理並學習統整自己對周遭人、時、地、事、物的觀點，發展更高階的認知思考能力。

二、自然覺察與表達

在戲劇活動中，有許多肢體動作是要經過平日對於周遭人物及自然的覺察而表達出來。兒童本身就是一個自然的探索者與觀察者，透過戲劇的媒介，正可以讓兒童將觀察到的動植物、自然生態及環境中各種有趣的現象，以肢體和聲音口語具體地運作，實際地感受到與自然一起互動的情境。例如：在飼養「毛毛蟲」後，讓兒童在課室中進行相關的戲劇活動，體驗毛毛蟲的爬行、吃樹葉、結蛹以及最後變成蝴蝶飛舞的歷程；或者讓兒童在學校種植「小豆苗」，觀察後，再以肢體表現「小種子長大」。這樣的戲劇扮演歷程，既能引發兒童關注自然生態的興趣，也使其親身體會萬物成長的喜悅。

第三節　從課程內涵看兒童戲劇教育

　　隨著世界各國在美感和藝術人文素養的開展，除了原來的音樂和視覺藝術教育外，「戲劇教育」及「表演藝術」的相關科目也逐漸受到重視。近年來，臺灣課程改革中，就將之納入在中小學課綱的「藝術與人文領域」和幼兒園課綱的「美感領域」中。然而，這門新課程缺乏完整的課程架構，以致多數教師在執行課程時，不知從何著手。作者嘗試進行研究（林玫君，2006），比較英美各國及臺灣課程架構內涵，彙整為「新戲劇課程架構」，以下將簡略回顧各國戲劇教育目標並以表格對其課程主軸做綜合比較。

　　美國學者Siks（1983）認為兒童在戲劇中的課程主軸分別是：「兒童為戲劇參與者」、「兒童為戲劇製作者」和「兒童為戲劇欣賞者」。

　　戲劇學者McCaslin（1984）和Salisbury（1987）也提出戲劇課程的三個層次：「身體與聲音的表達性運用」、「戲劇創作」、「透過戲劇欣賞來增進審美能力」。

　　美國《戲劇/劇場之課程模式報告書》（AATY & AATSE，1987）的課程主軸有四項：「個人內外在資源的發展」、「以藝術合作來創作戲劇」、「審美賞析」和「戲劇與社會生活的連結」。

　　英國學者Hornbrook（1991）也建議學校中的戲劇課程主軸可以包含三個目標：「創作」、「表演」和「回應」。

　　臺灣九年一貫的中小學課程大綱中「藝術與人文」領域三大主軸能力為：**「探索與表現」、「實踐與應用」及「審美與理解」**。

　　臺灣2013年頒布的幼兒園教保活動課程大綱中「美感領域」三大主軸能力：**「探索與覺察」、「表現與創作」、「回應與賞析」**。

表1-2　國內外戲劇課程主軸架構之比較

戲劇內涵　　學者/研究	戲劇基本能力的開發	戲劇創作能力的應用	戲劇賞析與社會生活連結	
Geraldine Siks	兒童為戲劇參與者	兒童為戲劇製作者	兒童為戲劇欣賞者	
Nellie McCaslin & Barbara Salisbury	身體與聲音的表達運用	戲劇創作	透過戲劇欣賞來增進審美的能力	
《戲劇/劇場之課程模式報告書》	個人內外在資源的發展	以藝術合作來創作戲劇	審美賞析	戲劇與社會生活連結
David Hornbrook	創作	表演	回應	
中小學藝術與人文領域	探索與表現	實踐與應用	審美與理解	
幼兒園美感領域	探索與覺察	表現與創作	回應與賞析	

　　從表1-2各國戲劇教育的比較中發現，三個重要的戲劇主軸內涵可以綜合為：「**戲劇基本能力的開發**」、「**戲劇創作能力的應用**」、「**戲劇賞析與社會生活連結**」。因此，在建構戲劇課程時，就可以這三個內涵作為基本的課程架構（見圖1-1）：

圖1-1、新戲劇課程架構

壹、戲劇內涵（Ｉ）：戲劇基本能力的開發

　　戲劇是用來發現內在自我的媒介，透過互動性的戲劇活動，兒童在肢體動作、感官情緒與想像力、聲音及語言（口語）表達的潛在能力上有機會得到完整的開發。以下戲劇內涵（I）就是以這些基本潛能的開發組合而成：

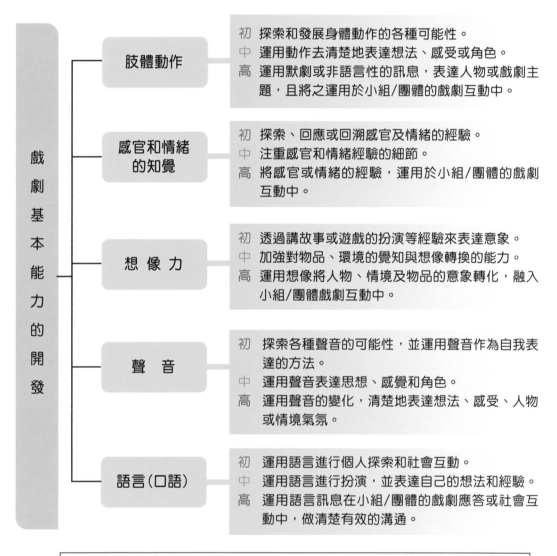

戲劇基本能力的開發

肢體動作
初　探索和發展身體動作的各種可能性。
中　運用動作去清楚地表達想法、感受或角色。
高　運用默劇或非語言性的訊息，表達人物或戲劇主題，且將之運用於小組/團體的戲劇互動中。

感官和情緒的知覺
初　探索、回應或回溯感官及情緒的經驗。
中　注重感官和情緒經驗的細節。
高　將感官或情緒的經驗，運用於小組/團體的戲劇互動中。

想像力
初　透過講故事或遊戲的扮演等經驗來表達意象。
中　加強對物品、環境的覺知與想像轉換的能力。
高　運用想像將人物、情境及物品的意象轉化，融入小組/團體戲劇互動中。

聲音
初　探索各種聲音的可能性，並運用聲音作為自我表達的方法。
中　運用聲音表達思想、感覺和角色。
高　運用聲音的變化，清楚地表達想法、感受、人物或情境氣氛。

語言（口語）
初　運用語言進行個人探索和社會互動。
中　運用語言進行扮演，並表達自己的想法和經驗。
高　運用語言訊息在小組/團體的戲劇應答或社會互動中，做清楚有效的溝通。

各內涵不以「年紀」來區分學習階段，而以兒童之「戲劇經驗」作為分級的標準，分別為初、中、高三等級。

貳、戲劇內涵（II）：戲劇創作能力的應用

戲劇內涵（II）開始嘗試讓兒童彼此合作來創作戲劇，一般會選擇適當的文學題材，如故事或歌謠，著手進行較長且有計劃的戲劇活動，包含情節、人物、對話、主題、視覺和音樂的效果。以下為戲劇內涵（II）的內容說明：

戲劇創作能力的應用	情節 一齣戲的故事與發生事件的安排	初 聆聽並回應故事，重現故事中片段的經驗(事)、場景(地)或人物(人)。 中 重述故事的開始、中間與結束的流程，並了解人物關係或衝突元素。 高 嘗試解決故事中的焦點問題，並透過小組合作，發展或再創故事情節。
	人物 推動劇情發展，使劇本從平面文學成為立體的戲劇	初 探究現實生活或幻想情境中，各種人物、動物的外形或動作特徵，並嘗試將之表達出來。 中 探究現實生活或幻想情境中，各種人物的心理、情緒與社會關係的特質，並嘗試將之表達出來。 高 辨認人物間不同的行為動機和感覺，辨識自己與他人的角色間的關係，並將之運用於戲劇互動中。
	對話 劇中人物或作者表達中心思想的工具	初 在戲劇扮演或遊戲中，隨機的與其他角色進行對話或回應問題。 中 在戲劇互動中，即興發展兩人或三人的對話。 高 綜合運用旁白、獨語或對白於小組/團體的戲劇互動中。
	主題 一齣戲的中心思想	初 描述戲劇或故事中的主要內容。 中 辨認戲劇或故事中的主要議題。 高 討論戲劇或故事中的多元議題，能依據不同的議題或觀點重創故事。
	視覺效果 包含場景、道具、服裝、化妝等	初 運用簡單的視覺媒材或道具，表現個別角色與場景的特色。 中 運用多元的視覺媒材或道具，表現特別的角色造型與情境氣氛。 高 將各種複合媒材與視覺元素運用於布景、道具、服裝、燈光、化妝等，以凸顯戲劇主題的特殊性。
	音樂效果	初 運用簡單人聲或樂器，表現人物情感和環境特色。 中 運用多樣的人聲、樂器和情境聲響，表現人物情感和情境氣氛。 高 運用各種的音效媒材，凸顯戲劇主題的特殊性。

參、戲劇內涵（Ⅲ）：戲劇賞析與社會生活連結

　　在戲劇內涵（Ⅲ）中的主要目標為「戲劇賞析與社會生活連結」，主要是透過戲劇欣賞課程，來增進審美的能力。在學校中，一開始是先從自己或同儕的創作中進行賞析，主動地分享自己的感受與看法，最後可以將戲劇應用於自己的生活和社會文化中。綜合而言，戲劇內涵（Ⅲ）可以包含「戲劇賞析」和「與社會生活連結」。

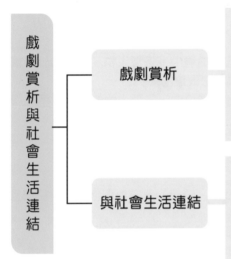

戲劇賞析與社會生活連結

戲劇賞析
- 初 探索人物和環境的特性，體驗多樣藝術形式，回應戲劇活動。
- 中 透過戲劇元素的了解，對戲劇/劇場的特質產生共鳴。
- 高 運用戲劇元素，探索劇場與其他藝術之間的關係，以理解戲劇創作歷程。

與社會生活連結
- 初 透過戲劇活動來回應自己生活體驗。
- 中 透過戲劇/劇場的分享或賞析，對自己、社會與文化的互動產生連結。
- 高 了解各種戲劇表現形式的文化或社會象徵意義。

第 2 章
故事戲劇之
課程設計與教學

　　在第一本書《兒童戲劇教育：肢體與聲音口語的創意表現》一書中有關戲劇遊戲、肢體、感官想像及聲音口語的基本活動，已有了詳盡的介紹。而本書將以**童謠**及**故事**作為切入點，繼續介紹戲劇創作的進階課程。

　　本章**第一節**，將從最簡單的兒童文本——**歌謠、童詩和聲音故事**這些最容易入手的活動出發，介紹基本的戲劇創作教學法，相關案例可以參考**第三、四章**。

　　在**第二節**，將以**故事戲劇的多元創作**為主，先介紹多元的故事戲劇創作形式與戲劇課程架構；接著針對「故事戲劇」的一般發展流程，做詳細的介紹。教師可以依據不同的教學目標、學生經驗、時間等因素，來決定要以**初級的故事戲劇創作、中級的故事簡易分享**或**高級的故事戲劇完整呈現**等不同模式進行活動。這三種模式的活動範例，可以參考**第五章**及**第六章**的內容。

　　戲劇活動之所以能夠順利進行，除了課程外，戲劇教學的技巧、課室中各種條件的考慮都很重要。本章**第三節**會對常用的戲劇引導技巧與策略做概略性的介紹，而在**第四節**及**第五節**中，將簡要說明戲劇教學中的課室經營以及師生關係建立的基本原則。

第一節　歌謠童詩與聲音故事之教學

壹、歌謠童詩的戲劇教學

　　「兒童詩歌」包括「歌謠」和「童詩」兩大部分，但是這兩類文體在本質上被視為「一貫性有系統的整體」，只是在經驗上，兒童最早先接觸歌謠，後來才陸續接觸童詩，甚至學習創作。

一、歌謠與童詩的特色

　　「歌謠」因為具備簡短活潑、生動上口的音韻與內容，特別容易拿來作為初學者戲劇創作的題材。其特質包含：

（一）內容純樸而率真，詞義淺白而易懂。

（二）聲調自然而活潑，以歌唱或誦讀的方式存在，也就是以「口耳相傳」的方式流傳。

（三）句式簡潔生動，但形式不固定，常因口耳相傳的失誤、語音的閃失，與「原型」產生差異性。

（四）富於鄉土氣息，反應風土民情，使人感到親切。當流傳到他地時，原型的歌謠會因地因時產生新的變化。

（五）內容俏皮有趣、奇特幽默，富遊戲的興味。

　　從戲劇創作的角度分析，歌謠可從三個方向切入，首先可從「**動作歌謠**」著手，兒童可以邊念歌謠，邊把其中動作做出來，第三章中的**運動、春**及**影子**就是這類活動。二是「**敘事歌謠**」，針對有趣的人物或動物主題，加上簡單的故事情節，如第三章中的**小老鼠上燈檯**及三輪車。最後是「**幻想歌謠**」，類似第二類，以虛擬想像的動物或人物情境來創作戲劇，如**樹兒快長大**和**一起去打獵**的例子。

　　故事戲劇的創作題材，除了歌謠外，「**童詩**」也是非常適合的文本來源。從文學的價值來看，它具備樸實率真的內容、音韻美感的節奏、逸趣橫生的文字、充沛豐富的情感及饒富想像的意境，加上字句簡短，文辭優美，非常適合介紹給兒童欣賞。

　　這樣的題材加上設計巧妙的戲劇活動，更能提升兒童對童詩的興趣，引發更多的想像創作。透過即興口語練習與戲劇化的表達，詩中富節奏性的文字組

合，巧妙比喻的意象及生動感人的情趣，一瞬間躍出紙面，提供參與者一種如夢遊仙境般的體驗。而這類的體驗，往往叫人印象深刻，不失為一種有趣的教學方法。**第三章**將提供幾個由中外名家運用童詩設計的戲劇活動，如Shel Silverstein的**大蟒蛇**。

二、戲劇教學引導流程

不論是「歌謠」或「童詩」，戲劇引導的流程可以參考下列步驟：

（一）引起動機：

利用簡短的暖身活動，引起參與者的動機，也順便引入將要呈現的主題。如：「大蟒蛇」中，主角為一神奇的蟒蛇，教師就事先製作了蟒蛇偶及森林的動物手偶，藉此引發兒童的好奇與興趣。

（二）念唱詩歌：

針對教師選定的詩歌，全體學生進行念唱，可以對詞義內容和念唱方式做一些說明和討論。通常念唱可以全體一起、獨立一人、兩組交替、接龍或漸層（音量漸漸累進變大或依次變小）的方式進行。

（三）肢體表達練習：

引導學生將詩歌中的動作與意像表達出來。

（四）整體呈現：

若是時間允許，可以將整首詩歌以戲劇的方式完整地呈現。呈現前就需要針對角色分配、出場位置及流程做計畫。

（五）回顧討論：

針對活動中的優點、缺點及大家共同欣賞的地方進行討論。

（六）童詩再創：

這是戲劇創作中最有趣的部分，在兒童對詩歌中的人物和情節有了深刻的體認後，就可以引導創造不同的情境或人物，組合新的詩句，再次將新的詩句呈現出來。

貳、聲音故事的戲劇教學

聲音故事的主要流程是「教師講故事，然後邀請學生為故事製造音效」。無論是成人或兒童，對初次參與戲劇活動的人而言，要他們坐下來聽故事，且依著教師的提示為故事配上聲音製成的音效，是一件容易的事。

這種有限地參與活動的方式，可讓學生自發性地加入且能依自己的想法創造一些簡單的聲音，這也是促使學生很快地滿足其成就感的好方法。對戲劇教師而言，透過這種方式邀請學生共同進行，有助於建立自己與學生的合作默契。

一、默契的建立

首先，在引導聲音故事前，需要和學生建立默契，發展「掌控」聲音故事的開始或結束、甚至音量大小的手勢。一般都由帶領者，透過「手勢開合」、「特定動作」或「箭頭標示」來引導學生進行聲音故事的活動。以下是引自 Brian Way（1972）書中的教學說明：

（一）牛刀小試—發聲練習

「等一下老師要講故事，可是需要你們幫忙為我們的故事製造一些特殊音效，這樣故事會更精彩。我們現在來試一個聲音看看，假裝故事中有飛機的聲音，好，拍一下鈴鼓後，大家一起試試看喔！」

（二）音量控制—介紹控制器

「現在，老師要介紹一個特殊的開關給大家，就像是收音機的開關，手勢變大，聲音就變大聲，手勢變小時，聲音就愈來愈小聲，最後就沒有聲音。大家一起用飛機的聲音來試試看！」

（三）貼心提醒—注意控制器

「待會故事開始時要注意聲音開關！看它是大聲還是小聲。」

二、戲劇教學的注意事項

除了控制器的默契建立外，教師在引導聲音故事時，還需留意下列教學事項（Way，1972）：

（一）當教師說故事時，可以口述的方式進行，也可直接朗讀故事或繪本。

（二）當「開關」開到最大聲時，要等聲音降下來後，再繼續你的故事，否則學生可能聽不到說故事的聲音。

（三）不要擔心學生無法或不依教師想要的方式發出適當的聲音。教師可繼續述說故事，待故事講完以後再討論其它製造聲音的可能性。如學生不知道「老鷹」怎麼叫，可繼續你的故事，之後再討論。

（四）也可鼓勵學生用「嘴巴」以外的方法製造聲音，如手敲地、搖晃桌子發出聲音等，這些都可以接受，等故事完畢後，再討論。

（五）無論在說故事之前、中間或之後，不需要告訴或示範如何製造故事中的音效，讓學生自己創造聲音。

（六）如果故事變得太吵或學生的聲音出現無法以「控制器」控制的現象，可考慮縮短故事或加入一些比較安靜的聲音。建議初次使用聲音故事的教師，可先用自創的故事進行，比較有彈性、也可增減故事中可能會造成學生失控的情節。

（七）開始練習聲音故事時，不要期待或強迫學生能持續太久或製造很大的聲音，這與他們的原有經驗或發展有關，通常年齡低的孩子聲音會比較小而纖細，而高年級學生的聲音則較為渾厚。

　　雖然開始練習帶領聲音故事時，教師可以運用現成的繪本或故事，但是當師生逐漸熟練這個聲音創作的方法時，就可以嘗試以自創故事來進行活動。其實，現實生活中到處都充滿了創作的靈感，如家中的日常生活、交通工具及自然情境，或各種天候狀態，如下雨、打雷和風雪等。相關的案例將於**第四章**呈現。

第二節　故事戲劇的多元創作與發展

　　當教師們手上拿到一個故事或繪本時，第一個面對的問題就是：「到底我要從故事的哪裡開始進行戲劇活動？」、「到底要如何開始、發展並收尾？」、「在有限的時間內，要做全部還是片段的故事？」或是「如何引導孩子發展創意並進行呈現？」本節就是針對這些疑問，介紹大家如何運用現有的「故事」或「繪本」，透過「故事戲劇」的創作流程，一步步引導參與者發展個別的想法，並以自己的肢體默劇和口語聲音，將故事的片段情節或整個內容進行戲劇性的呈現。

　　本節第一個部分，會先介紹如何依據不同教學目的、上課時間及孩童經驗，來發展難易不同的故事戲劇——初級的故事戲劇創作、中級的故事簡易分享及高級的故事戲劇完整呈現。接著，第二個部分再對一般故事戲劇的引導流程進行說明。至於各種戲劇進行形式的活動範例，可以參考**第五章初級與中級故事戲劇活動及第六章高級故事戲劇活動**。

壹、故事戲劇的多元創作形式

　　了解故事流程後，教師可依據不同故事的主題、教學目標、學習經驗、課程組織及上課時間等，發展難易不同的故事戲劇。以下為三種不同的呈現方式：

一、初級故事戲劇課程

　　初級的課程特色是運用故事片段的內容，發展兒童的創意或思考，藉此引發對戲劇或故事繪本探究的興趣。透過故事片段的呈現，教師可以在有限的時間內，讓兒童發揮創意盡情表現。

　　在課程組織上，這類課程相當彈性，故事不需要從頭做到尾，只要擷取熟悉的故事或繪本片段，運用簡易的戲劇策略，讓兒童在簡短的戲劇課程中，體會戲劇創作的樂趣。這類課程形式，可以當作後續進階課程之基礎，**課程目標是希望兒童運用自己的肢體與聲音口語**來探索故事中的「人物」、「經驗」或「場景」等戲劇內涵。

　　在規劃課程時，可以參考後面附上的初級課程戲劇目標來設計課程。每次課程以探討一到二項重要的戲劇元素即可。另外，也可順勢結合學生或特定課程內容的需要，來達到其他教學的目的。例如，想要進行繪本閱讀，除了戲劇

表現外，還要討論繪本中語言和插畫、甚至作家的風格等欣賞活動。若是故事主題要和生活連結，則可以「師生入戲」或以簡單的戲劇策略，引導兒童探索人與自己、他人和社群的關係。

在時間安排上，由於這類課程比較不是以戲劇展現為主，更不需要將故事從頭到尾進行完整的呈現。只要教師願意，隨時可以從課程中抽出部分時間來進行活動。教師可以配合故事主題，在大組（全班）或小組活動（8到12人）中進行戲劇引導，可以參考本書**第五章前半段的範例**，每次依可行的時間，擷取其中的活動進行，不需要一次做完整個故事的內容。

二、中級故事戲劇課程

中級課程和初級課程的目標類似，都是運用簡單的戲劇互動手法，發展故事中的人物、經驗或場景，只是課程時間較長，兒童有更多的時間探索自己和不同的戲劇元素，甚至能將故事從頭到尾簡單地呈現，體會故事分享的樂趣。另外可以引導孩童探索與生活經驗有關的主題，鼓勵表達自己的看法，並關心周遭的環境或人我的關係。

在組織上，通常會從主要的角色開始探索，依據單角、雙角或多角及故事情境再決定如何進行。若是單角，可以把全組變成同一個角色，教師口述故事，兒童以默劇方式表現故事的內容。若是雙角或多角，兒童可個別或小組分別扮演不同的角色，配合故事情節的發展，依角色出場順序輪流在圓圈中展現故事。有時，教師也可以自行選擇其中的角色，參與呈現，和兒童一起體驗故事創作的樂趣。

在時間安排上，教師只要花幾堂課的時間，就可以達要分享故事的目的。每堂課發展的重點，是以故事中人物的行動、重複的情節，進行重點性討論與練習，接著就在圓圈中，依據人物情節的順序，由教師口述或者入戲扮演，輪流讓學生呈現，與自己的同儕即興分享故事的樂趣，相關活動可以參考本書**第五章後半段的課程範例**。

三、高級故事戲劇課程

使用這類課程的前提是學校或個別教師希望將「戲劇」作為發展的重點特色。因此，課程具有藝術性目的，想把完整的故事做深度的發展，且希望能逐次累積兒童在戲劇歷程中的創意想法，最後進行整體的戲劇呈現。甚至，還可以成為將來與同年段師生或家長分享的戲劇演出藍本。

　　在組織上，可依據下表的課程內涵與階段，設定教學目標，依據參與者不同的程度與戲劇經驗，從故事的情節、人物、對話、主題及視覺與音樂的效果等各項**戲劇元素**，有計劃地發展兒童戲劇創作與表現的應用能力。

　　在時間安排上，需要全校整體或個別教師願意，從忙碌的課程中空出充分的時段。至少連續四到八次，或每週二次四十分鐘的戲劇課程，針對同一個故事來進行戲劇活動。每堂課的重點，以故事中不同的情節、人物或戲劇元素做引導練習。相關活動可參考本書**第六章的範例**來進行完整的故事戲劇展現。表2-1是戲劇內涵Ⅱ，可提供教師設計課程的參考（注一）：

表2-1　戲劇內涵Ⅱ

戲劇內涵Ⅱ：戲劇創作能力的應用	
情　節	一齣戲的故事與發生事件的安排
初級 中級 高級	聆聽並回應故事，重現故事中片段的經驗（事）、場景（地）或人物（人）。 重述故事的開始、中間與結束的流程，並了解人物關係或衝突元素。 嘗試解決故事中的焦點問題，並透過小組合作，發展或再創故事情節。
人　物	推動劇情發展，使劇本從平面文學進入立體戲劇形式的行動者
初級	探究現實生活或幻想情境中，各種人物、動物的外型或動作特徵，並嘗試將之表達出來。
中級	探究現實生活或幻想情境中，各種人物的心理、情緒與社會關係的特質，並嘗試將之表達出來。
高級	辨認人物間不同的行為動機和感覺，辨識自己與他人角色間的關係，並將之運用於戲劇互動中。
對　話	劇中人物或作者表達中心思想的工具
初級 中級 高級	在戲劇扮演或遊戲中，隨機地與其他角色進行對話或回應問題。 在戲劇互動中，即興發展兩人或三人的對話。 綜合運用旁白、獨語或對白於小組/團體的戲劇互動中。
主　題	一齣戲的中心思想
初級 中級 高級	描述戲劇或故事中的主要內容。 辨認戲劇或故事中的主要議題。 討論戲劇或故事中的多元議題，能依據不同的議題或觀點重創故事。
視覺效果	場景、道具、服裝、化妝等
初級 中級 高級	運用簡單的視覺媒材或道具，表現個別角色與場景的特色。 運用多元的視覺媒材或道具，表現特別的角色造型與情境氣氛。 將各種複合媒材與視覺元素運用於布景、道具、服裝、燈光、化妝等表現上，以凸顯戲劇主題的特殊性。
音樂效果	
初級 中級 高級	運用運用簡單人聲或樂器，表現人物情感和環境特色。 運用多樣的人聲、樂器和情境聲響，表現人物情感和情境氣氛。 運用各種的音效媒材，凸顯戲劇主題的特殊性。

貳、故事戲劇的發展與引導

　　教師如何在不同階段進行戲劇創意的引導，是「故事戲劇教學」能否成功的關鍵。一般而言，故事戲劇的發展流程包含下面五個階段：

　　一、故事的導入：故事戲劇之前導活動，如引起動機、介紹故事等。
　　二、故事的發展：透過師生的討論，引導創意的想法。
　　三、故事的分享：透過計畫討論，將故事呈現出來。
　　四、故事的回顧：針對此次活動進行反省與檢討。
　　五、故事的再創：針對同一個故事進行新的發想與創作。
　　以下將針對每個階段的引導重點作說明。

一、故事的導入

　　在活動開始時，可以利用發問討論、音樂或道具，來引入和故事有關的主題（如：一個神祕袋、一封信）。同時，也可以運用《兒童戲劇教育：肢體與聲音口語的創意表現》（注二）中的基礎活動，來銜接故事主題、集中學生注意力並培養互動的默契。此外，也可以直接利用說故事的技巧，把整個故事或其中的片段呈現給學生。在說故事之前，可要求孩子特別注意某些部分，例如：「聽聽看教師故事中有多少動物？」

二、故事的發展

　　在講完故事後，可以利用發問的技巧，鼓勵兒童從故事中發揮想像，創造出獨特的表現。教師可以一面引導孩童進行討論，一面請他們用肢體動作或聲音口語，練習把自己的想法表達出來。在經過開放性的討論發展後，兒童會比較容易敞開自己的身體與禁錮的頭腦，在戲劇呈現時，顯得更自然且自發。

　　教師在引導時，通常可從故事中的人物或情節，以開放性的問題來引發創意。例如：針對人物的年齡、長相、動作、心情等進行發想與表現；也可以針對故事中的危機，要學生思考解決之道。例如：「五隻猴子遇到鱷魚時，該怎麼辦？是不是只能束手就擒？有沒有其他的方式可以使牠免於被吃的命運？」

　　教師可依故事的特性，組織不同的戲劇策略來設計課程。針對故事中的「戲劇行動」，可運用各種「默劇動作」的策略，如以「數數停格」、「機械動作」、「鏡子」、「靜像畫面」及「空間建構」等安排課程；而當故事中有

「人物對話」時，就可運用不同的「口語」策略，如以「說服」或是「訪問」來進行活動。

三、故事的分享

在教師與學生對故事片段有了充分的討論與練習後，就可以準備將故事的全部或部分做「計畫」和「呈現」。

（一）計畫

一般在進行戲劇呈現前，必須先做「計畫」，這是整個故事具體呈現前的討論，包含「呈現流程」、「角色分配」及「位置分配」等問題。「呈現流程」是指戲劇如何開始、過程及結束的部分；「角色分配」是依故事角色和學生的分組或喜好，來決定相關角色的分配；「地點位置」是指分配到的個別角色，其開始的定點、出場和退場的相關位置。通常在活動的前幾次，故事的主角由教師擔任，其他角色的定位也多由教師決定。待學生熟悉後，可讓學生分配角色且決定輪流的關係。教師也可引導學生去決定自己的「位置」或如何開始及結束等活動進行的「順序」。

（二）呈現

一般戲劇的呈現，會依據故事的角色配置和兒童年齡做不同的安排，有整體單角、雙角配對及多角輪流等呈現方式。

1. 整體單角呈現：由教師在一旁口述故事內容，全體學生擔任同一種角色來呈現完整的故事，通常「單角故事」適合此類的呈現。

2. 雙角互動：由教師扮演其中一種角色與全部學生扮演另一種角色輪流互動；或者教師在一旁口述故事，把學生分為兩大組角色互動。通常「雙角故事」適合此類的呈現。

3. 多角互動：由教師扮演其中一種角色與多組學生互動；或者教師在一邊口述故事，由學生個人或分組扮演幾種重要的角色，依劇情的發展讓兒童們自行互動。通常「多角故事」適合此類的呈現。

（三）教師角色

為了配合前述不同的呈現模式，一般教師可考慮下列三種角色：

1. 旁白口述（Narration）：教師在一旁口述故事，一邊請兒童以默劇動作來呈現其中的情節。

2. 角色扮演（Role-play）：利用教師入戲的技巧來幫助學生把整個故事演出來。教師可能選擇扮演巫婆、大頭目或者巨人、國王等這類已賦有權威性的角色，由他們來提出要求、建議或問題，藉以掌握整個戲劇的進行，同時刺激學生們演出時的動作與反應。

3. 成為觀眾：教師只站在一旁，單單做個好觀眾，欣賞學生的演出。在計畫之後，學生已為演出做了充分的準備。待大家安靜並各就各位後，聽教師的指示就可以開始進行演出活動。

四、故事的回顧

在演出呈現後，學生會很想分享他們的經驗與心得，且教師也可以藉此機會協助兒童對自己的行為、創作內容做回顧與檢討的工作。有研究顯示，若兒童以「觀眾」的身分做反省，他們較能以第三者的眼光來分析事理；若以「角色」的身分做反省，他們較能從個人的感覺及主觀的想法來表達自我的感受。在進行戲劇課程後，教師可依據戲劇課程目標，引導兒童進行討論，讓他們自然地把先前的戲劇經驗或想法分享出來。以下是幾個引導的例子：

（一）教學目標是「清楚地表現默劇動作」，那課後討論的問題就可能是：
「你怎麼知道小朋友們在冰湖上玩耍？」
「你剛剛怎麼知道演小熊的人，看起來好像很餓的樣子？」

（二）教學目標是「增進演出效果」，那課後討論的問題就可能是：
「下次若再演一次，我們該如何改進，讓「跳舞」的部分更精采？」

（三）教學目標是「引發更多兒童個人經驗的分享」，那就可以在最後問：
「最喜歡的部分是哪裡，為什麼？」

（四）除了以教師的身分進行回顧討論外，也可用第一人稱的方式問問題，
例如：教師以母親的身分詢問冒險歸來的小孩：
「小寶貝，你們剛才去哪裡了？有沒有遇到什麼事？媽媽好擔心哦！」

五、故事的再創

對於喜歡的事情，小朋友通常都願意一做再做，戲劇也不例外。教師可以引導小朋友重複以上計畫─演出─檢討的過程，把重點放在不同的角色或故事中其他片段，也可再重複加強第一次演出的部分。只要教師及學生們喜歡，這些過程可以不斷地計畫與呈現。

雖然故事戲劇的進行有一定的流程，但是教師一定要保持彈性，尤其是對年紀較小的兒童。有些故事是家喻戶曉的，就不需要再重頭到尾再說一次。有時，教師可能才進行到「討論發展」的部分，孩童已無法集中注意力，這時教師應掌握時間，只做些片段的練習，就可結束戲劇活動。若是在故事發展時，有些學生已發表個人感受，到了回顧時，教師可引導其分享其他的想法，不需再重述。在二度或三度進行活動時，多數學生對流程已很熟悉，就可不需經過「計畫」階段，直接進行「呈現」即可。

整體而言，初學的教師在進行故事戲劇課程時，可依著上述的程式，有計畫地進行活動，較有安全感。然而，隨著經驗的累積，希望教師們嘗試跳出「程式」的巢臼，彈性地運作，讓揮灑的空間更大。筆者就曾在幼稚園進行故事戲劇教學行動研究，特別將戲劇教學流程中的實做經驗整理出來並寫成書，教師們若有興趣，可以參考**《兒童戲劇教育之理論與實務》**（注三）中的第八、九章，有更詳細的內容。表2-2是完整的教學流程大綱：

表2-2　故事戲劇教學流程

一、導　　入	• 引起動機 • 暖身活動 • 介紹故事
二、發　　展	• 默劇動作：個別角色有何動作 　　　　　　角色與角色之間有何互動 • 口語練習：個別角色有何口語練習機會 　　　　　　各角色之間有何對話內容
三、分享計畫＆呈現	• 角色分配：角色的擔任及人數配置 • 地點位置：各個角色開始時的定點、出場、退場的位置 • 進行流程：故事的開始、中間、結束等過程 　　　　　　（包括燈光、音樂的控制） • 進行方式：單角口述默劇、雙角互動、多角互動 • 教師角色：旁白口述指導、角色扮演、觀眾
四、回　　顧	• 反省：針對個人經驗做分享 • 檢討：針對課程目標或成效做討論與練習
五、再　　創	• 二度計畫：針對不同角色或故事片段做二度討論與練習 • 二度呈現：再一次呈現二度計畫的結果

第三節 故事戲劇的引導技巧與策略

壹、常用的戲劇引導技巧

引導故事戲劇時，教師常需要運用一些口語的提示，讓學生更能發揮想像，以投入故事戲劇的世界中。常用的口頭引導技巧包含：「旁述引導」、「口述默劇」、「故事棒」、「教師入戲」、「學生入戲」及「問話」，以下將分項逐一說明。

一、旁述引導（Side-Coaching）

「旁述引導」是在進行戲劇活動時，教師像籃球教練般跟在一旁，運用口語將戲劇的情境生動地描繪出來，讓學生有歷歷在目的感覺（Visualization）。如此的引導是幫助學生運用自己的想像，來連結故事的意象（Guided-image），使之更容易進入戲劇的異想世界。

在進行「旁述引導」時，建議教師要慎選字句，恰當地運用一些生動的字詞來刺激想像、製造故事的氣氛並鋪陳劇情的內容。旁述引導具有下列一些功能：

（一）啟動故事：如「很久很久以前，有一位姑娘……」

（二）銜接提示：特別在學生忘記故事某片段情節時，教師可以此技巧提醒孩子，如「然後，阿羅就走到樹林中……」

（三）全場控制：當學生進行活動而情緒高漲時，教師可利用此手法重建快要失控的場面，如「最後，野獸們決定停止爭吵，回到自己的山洞中。」

（四）幫助融入情境：教師口述製造想像的意象，讓學生覺得身歷其境，更能投入整個活動，如「小心腳下，石頭上長滿青苔，保持好你們的平衡力！」

（五）加入默劇動作：可透過口述的方式，讓某些較平淡的情節增加一些「動作性」的用語。例如：「老婆婆從口袋中變出一堆餅乾，從帽子下面變出一堆糖果，還從鞋子中拿出一堆玩具，然後，把它們發給每一位小朋友。」

（六）改變「時間」與「地點」的提示：如「第二天早上，當皮皮醒來時，他悄悄地離開他的床，走到櫃子邊，拿出他的寶貝……」

（七）結束故事：如「阿奇回到了自己的房間，發現海洋與樹藤都不見了，他覺得好累哦，爬上了床，就呼呼大睡了。」

二、口述默劇（Narrative Pantomime）

「口述默劇」和「旁述引導」很類似，都是由教師一面口述故事，一面請學生回應。只是口述默劇通常是以故事改編，進行較完整的故事敘述；而旁述引導則是以片段、隨機性的口頭引導。

教師可以運用現成的童謠或故事為基礎以進行改編。透過改編，在原始故事中的行動，加上一些有趣的動作描述，讓學生邊聽口述邊做默劇動作，就能進行**「口述默劇故事」**。以下是改編自**《我們要去捉狗熊》**繪本（上誼文化）的例子：

我們要去捉狗熊，我們要去捉一頭大大的狗熊，帶好身上的裝備，準備出發了。喔唷！前面有一堆野草！高大搖擺的野草。上面飛不過，下面鑽不透。噢，只好用雙手撥開草叢向前走，小心，有蛇……

最後到達「山洞」的部分，教師可以透過口述，創造出一個令人毛骨悚然的想像空間，使原來平淡重複的旅程，成為精彩刺激的冒險歷程。下面就是進入山洞後的口述內容：

「小心腳下！石頭上長滿青苔，又濕又滑。（暫停一會兒）這裡面好安靜，又黑又靜。空氣中有股濕濕的霉味。注意聽！（靜待一會兒）有沒有聽到？好像有東西正在裡面移動，把手電筒稍微向上照一照，向左……哦，再試試右下方……上面，喔！天啊！有蝙蝠！別慌，保持鎮靜！」

「奇怪！這裡好黑呀！東摸摸、西摸摸，我摸到毛毛的東西、好像是一對耳朵耶！再往上摸，怎麼濕濕黏黏的，好像是一隻鼻子耶！嗚～怎麼還有軟軟的東西在舔我的手，趕快打開手電筒看看，天啊！是一頭熊，一頭「大」黑熊！」

「快點回去……貼著牆壁走回去，快點回去，快點摸出山洞，穿過風雪，那邊有棵樹，快點爬過去，前面有一攤爛泥，快走過去，前面有條河，快點遊過去，那裡有一堆野草，快點鑽過去。快……快……快……，快跑回家，打開家門、爬上樓梯，關上房門、鑽入棉被中，呼～終於安全了。」

三、故事棒（Story Whoosh）

　　全班圍成一圈，教師將故事切成幾個片段，一面口述故事內容，一面透過訊號（揮棒或敲鐘）邀請自願學生到圓圈中跟著教師口述做出默劇動作。每一段故事呈現後，就請學生回座。教師再接續下一段口述，請另一群自願者到圈圈中央配合老師口述做動作。這很適合作為快速介紹或回顧故事的一種口頭引導。請參考下面《老鞋匠與小精靈》的例子：

　　「從前在一個小鎮裡住著一對鞋匠夫婦，每天都很辛苦地做鞋。」（教師揮一下棒子邀請兩位學生到教室中央，即興扮演鞋匠夫婦做鞋。結束後，教師再揮一下棒子，兩位學生回到圓圈中。）

　　「但自從鎮上開了一間新的鞋店後，老鞋匠做的鞋款漸漸不受歡迎，鞋子也都賣不出去，當然沒有錢可以吃飯。住在村莊附近的小精靈知道了，決定來幫忙鞋匠做鞋。」（教師揮一下棒子，邀請一群學生變成小精靈們，從位置上躡手躡腳地走到教室中央，幫忙鞋匠夫婦做鞋。結束後，教師再揮一下棒子，學生們就回到自己圓圈上的位置。）

四、教師入戲（T-I-R）

　　「教師入戲」（Teacher-in-Role）是戲劇教學中常用的技巧，通常教師會以情境內第一人稱的方式來引導並協助戲劇的發展與呈現。透過扮演故事中的某一角色，藉由一些信件或物件來當成傳達訊息的媒介，激發學生的想法，一同討論預定的主題。

　　對於初次接觸戲劇的師生而言，「教師入戲」是需要勇氣與技巧的。當教師第一次扮演時，學生可能不配合、甚至嘲笑或嬉鬧，需要一段時間才能進入戲劇情境與教師扮演的角色互動。O'Tool與Dunn（2002）就建議進行「教師入戲」前可做以下動作，以避免諸如此類的事件發生。

（一）**告知學生**：應事先告知學生「教師入戲」的時機，包括將要扮演的角色，讓學生可以先有心理準備，並適當地對「教師入戲」的角色做回應，而非將「教師入戲」當成滑稽的演出。

（二）**道具協助**：扮演角色時，可利用一些代表性的物件，如巫婆可能是黑色的披風或村長可能是斗笠等，以區分教師與角色的身分。

（三）**嚴肅的心**：當教師戴上道具變成角色時，儘量以角色的身分與學生互動，不要幫入戲的角色取一些古怪的名字，或做出些滑稽的動作，這會引導學生認為這個活動是不正式的。「教師入戲」最終的目的在於讓學生進入戲劇情境，討論相關問題，如果教師做出不合邏輯或不合角色的動作或想法，則難以讓學生進入戲劇情境。

（四）**確定角色目的**：確定「教師入戲」的角色所存在的意義，引導學生思考和討論，並確定自己與學生的關係，使雙方可以在角色中進行對話。

（五）**恰當、靈活地運用角色的動作與語言，幫助學生進入戲劇情境。**

（六）**機警處理危機**：學生時有偶發之言或不合理的回應，建議教師試著繼續在角色中處理，不要出戲變回具權威性的教師角色，可以詼諧的方式轉化氣氛：「我知道你們都是有經驗的船長，難道不是嗎？」

一般而言，「教師入戲」的角色選擇如下幾種（林玫君，2017）（注三）：

（一）**具有權威性的角色**：利用其劇中角色所賦予的特權與控制力，對扮演其他角色的學生提出要求、建議或問題，藉以控制整個氣氛，且刺激學生的即興反應與動作。如國王、皇后、院長、巫婆等角色。

（二）**次要的領導角色**：此類角色地位通常次於前類的角色，一方面能以居間的地位來引導學生探究事實，一方面彈性地掌握全局且能避免掉入過於權威的模式。這類的角色包含國王的大臣、巫婆的助理、主角的朋友等。

（三）**團體中的一員**：教師可以扮演團體中的一份子，如動物王國中的老百姓，來發問或提出建議，並藉以控制場面。當提出計畫時，建議教師使用「我們」的語氣來發言，如此可讓學生們覺得「他」（指教師）與全體的立場相同，對整體的威脅力也不大。

（四）**挑釁者**：教師代表另一個團體或另一種聲音，運用對立的角色或立場來挑戰學生，適時增加戲劇的張力，也迫使大家及早面對問題與障礙。例如在故事中扮演壓迫者、王國中的反對者或者成為用新方法煉丹的巫師等。

（五）**需要協助的角色：**教師也可扮演一個弱者，運用學生同情的心理，請求協助，並適時增加張力推動戲劇情節。如扮演愛發脾氣的巨人請求村民協助解決發脾氣的問題、受欺負的灰姑娘等。

（六）**彈性角色：**教師可自創角色，在劇情或學生需要時，插入劇中以提供及時的協助、澄清、決定或收尾等幫助。

當教師完成「教師入戲」後，若想知道學生對剛剛「教師入戲」的理解，可以回到教師身分，假裝不知道剛剛發生的事情來詢問學生。如「教師」扮演小紅帽奶奶與學生討論如何幫助小紅帽進入森林後，回到教師的身分詢問學生發生的事情，他們會很踴躍地告訴你他們的談話。如此，更可以得知學生入戲的程度。

五、學生入戲（S-I-R）

在戲劇情境內，當教師入戲時，學生連帶也需要配合扮演對應的角色，以便對於相關的主題或戲劇的發展進行更深入的探究，或是對戲劇的內容主動地提出問題。根據Morgan & Saxton （1989）的建議，可讓學生擔任下列戲劇角色，以促使其發問：

（一）學習者：學生想知道事實，引導的責任在回答者身上。

（二）缺席者：學生在彌補間隙，他心理知道該問什麼問題。

（三）研究者：學生強烈專注於一個領域，他要發現一些事情。

（四）面試者：學生想要找一份工作，他的注意力在主考官身上。

（五）媒體記者：學生正找尋一個答案，重點在採訪者和受訪者的形式。

（六）警察：學生在尋找真相，著重現在是什麼樣子，過去又是什麼樣子。

（七）偵探：學生在找線索，且他的問題可能是不直接，並且分散的。

（八）詢問者：學生正在發現一個事實，答案可能是任何事件或東西。

（九）律師：學生在創建一個事件，重點在保護他的訴訟當事人。

（十）魔鬼代言人：學生站在某一邊，刺激另一股勢力，重點在挑戰。

（十一）調查者：學生逼著一個招供者認罪，他知道他要聽的供詞是什麼，但問題是不直接的，像偵探在找不吻合的證據一樣。

六、問話技巧

　　好的問話技巧能引發更多的想像與創意，它是促進學生學習與思考的原動力。在戲劇活動中，恰當的引導提問，可以幫助戲劇聚焦並澄清思考，透過一連串結構性問題，學生可以自己去發現什麼是可行的，而不是教師單方面指導或命令。

　　通常每個問題背後都有其引導的目的，Neelands（1984）就將問話內容依據提問的目的分類如下，教師在提問時，亦可留意以下原則：

（一）找尋信息：透過問句引出教學的戲劇情境。例如：「應該派幾個人去？我們要去哪裡尋求協助？事情發生在白天還是晚上？我們看起來像什麼？」等，以顯示這是屬於師生共同的遊戲。

（二）包含資訊：此類的問句大多會提供一至兩種訊息，引導學生思考。例如：「你確定我們不缺任何東西？這匹馬可以載我們多久？除了武器，我們還要帶別的東西嗎？」通常教師是以給予建議而非告知的角度來提問。

（三）深入探討：讓學生更深入了解問題，而非止於前一個問題的表面。例如：「這幾天船像什麼樣子？領導者是如何進行的？我們已經對賽夏人有足夠的認識嗎？如果我們混合這些化學物質，將會發生什麼事情？」

（四）控制：此類問句可幫助學生了解戲劇是種控制且有要求的活動。例如：「準備好聽其他人的意見了嗎？這是印地安人會做的行為嗎？如果我們一起講話，國王怎麼知道我們說什麼？把我們集合起來最好的方法是什麼？」

（五）分歧：這是種需要做出抉擇的問句。例如：「我們應該在現在、過去還是未來？我們都是男生嗎，還是都有？你認為我們有錢還是貧窮呢？」

（六）尋找意見：以開放性問法促使學生思考對事情的看法，教師亦可借此機會了解學生的想法。例如：「剛剛扮演老師，你有什麼感想？接下來將會發生什麼事情？戲劇活動這樣發展你覺得自在嗎？」

（七）鼓勵性反思：這是可幫助思考與評價的問句，使學生能思考議題的意義。例如：「我想知道是什麼原因讓他去那個地方？我們到底需要什麼樣的領導者？在這樣的壓力下，你會怎麼做？你可以描述出來當時是什麼感覺嗎？」

除了問問題的內涵會影響學生的思考與表現外，教師在發問時，可參考下列原則（Contrell，1987；Heinig，1981）：

（一）使用一套（系列）問題組（Questioning Schema）。

（二）以「學生」為主導（範圍內）：以他們的興趣為主，不要強迫。

（三）保持彈性：別讓事先設想的問話順序成為你想「改變」或「修訂」的絆腳石。

（四）不要怕問太過「開放」的問題：別局限於純「事實性的問題」。如「誰是作者？哪句是開頭句？」給學生機會去回答需要多種答案或詮釋的問題。

（五）給予充分的「等待時間」（Wait Time）：在第一個問題與下一個問題之間留下足夠的時間，讓學生充分思考及完整發言。

（六）營造「對等」談話的氣氛：就像是在聽朋友說話一樣平等、鼓勵、建議。（Give-Talk）

（七）避免自問自答，別期待學生做一個被動的反應者。

（八）發問的技巧，除了「問問題之外」還包括了「發問的內容是全盤教學計畫的一部分」、「創意地處理那些不完整、不回答或不正確的問題」、「鼓勵學生回答」及「鼓勵學生創造新的問題」等面向。

貳、常用的戲劇策略

在設計活動時常常需要運用一些戲劇的策略實施課程，有些策略簡單易上手，可以作為故事戲劇的基礎活動。以下將分項說明常用的戲劇策略：

一、單人默劇

（一）**定格**：在帶領者的指令下，將連續的動作停止在一瞬間，就像照相一樣的技巧。呈現的內容可以是連續動作中的定格畫面，也可以是以「人物」的造形為主的「雕像」。

（二）**三項默劇**：延續「定格」策略，這也是將行動停止在瞬間的技巧，只是要做出三個「定格」的主題。如：鈴鼓停下後，做出一個野獸常有的表情；第二次，換一個表情；第三次，再換一個表情。

（三）**數數停格**：在持續的一段時間內，做出連續性的默劇動作。在教師從1數到5或10秒內，把戲劇片段內容以默劇動作表現出來，最後

停在一個定格的狀態上。例如：「從1數到10內，請你變成房間裡的一樣家具。」

（四）**轉化默劇**：在持續的時間內，從一項默劇定格動作，變成另一項默劇定格動作。例如：「等一下當老師從1數到10時，請你慢慢從家具變成叢林。1……2……3……慢慢地，動作不要太快。」

（五）**慢動作／快動作／機械動作**：三種都是調整或練習動作速度的練習變化。

「慢動作」的默劇強調精細動作，著重的是細節描述。對於年紀較小的學生，教師需要做示範或是和學生討論慢動作的經驗，例如：像蝸牛、烏龜一樣慢慢地移動。「慢動作」默劇較需要練習，在進行時可以搭配適當的音樂或「數數停格」的策略。

「快動作」常用於緊張的情境，強調動作的迅速、快捷性，對於開始與結束的動作較為重視。「快動作」也可配合「數數停格」一同進行，透過快速地數數，在結束的剎那間讓學生定格不動。教師可能需要注意是否清楚地說明「動作開始和結束」的訊息。在活動進行前，學生是否知道自己的定位點。

「機械動作」是指如同機器人般的僵硬動作，重點是非連續的動作和切斷式的動作。一般而言，學生都非常喜歡模仿機器人的動作，此活動亦可配合「數數停格」或搭配具強烈節奏的音樂來進行。

二、雙人／小組默劇

（一）**雕塑大師**：兩人一組，一人擔任雕塑師，另一人扮演黏土，雕塑師依照教師給的主題或角色，來雕塑黏土。待一方完成後，隨即交換角色再次進行雕塑。

（二）**靜像畫面**：一組學生用停格表現出戲劇情境中的片段內容，就像拍照時的靜止畫面。與前述「定格」策略不同之處在於前述「定格」指的是單人的活動，而「靜像畫面」則是運用在小組呈現中。進行活動時，教師可以扮演攝影師或畫家，請學生擺出靜止不動的動作，讓教師能拍照或完成一幅畫作。

（三）**照片複製**：類似「靜像畫面」，請學生觀察特定照片中的主題、人物或相關情境，以肢體動作重新複製展現出來。

（四）**三格或四格漫畫**：小組以停格表現出三張或四張「靜像畫面」，呈現故事的開始、中間、轉折及結果等連續畫面。

（五）**流動畫面/即興表演**：從定格動作轉成連續動作，或打破靜像畫面，讓其中人物開始即興行動，更清楚地表達某些故事片段情節。當教師給予流動指令時，可以讓角色加上臺詞並使畫面動起來。「流動畫面」可以幫助學生更深入了解靜止畫面的特殊意義，甚至釐清「靜像畫面」背後真正欲呈現的意涵。

（六）**巡迴戲劇**：教師入戲變成故事中的角色，走入事前分配好的各種戲劇任務小組中，並與之互動（請參見第五章《老鼠娶親》實例）。

三、象徵物及空間營造

（一）**信件**：一種利用角色的觀點寫作，陳述事件經過或個人經驗的方法；或是一種回顧和建立一連串長期紀錄的方法。

（二）**見物知人**：用一個袋子或皮包裝著和主要人物有關的物件（如筆記、鑰匙、飾品、書、私人用品等），引導參與者從物件中推測人物或戲劇情境相關的資訊。

（三）**牆上的角色**：用一句話或短語來描述對畫在牆報紙上的一個人形（某個關係人物）的感覺或判斷。通常在人形外可以寫下人物的外觀特色，而在人形內寫下內心對這個人物的感覺或想法。

（四）**界定空間/空間建構**：利用簡單的肢體、桌椅、布料、物件等材料，重新塑造空間，藉以表現出戲劇中的地點。

（五）**集體繪畫**：參與者分組在大牆報紙共同描繪戲劇場景或想像情境。

四、聲音或口語互動

（一）**聲音音效**：即興運用嘴部或肢體發出各種聲音，為故事劇情配襯音效，以增加戲劇的氣氛或張力。

（二）**思想軌跡**：當學生在靜止動作的狀態中，教師以輕拍學生肩膀的方式，請學生說出一句話，表達對所扮演的角色的想法或感受，此策略經常與「定格」或「靜像畫面」合併使用，藉此凸顯出外在的動作與內心想法的對比。

（三）**第二個我：**這是「思想軌跡」的延伸，由一方幫另一方作角色的註腳。學生兩兩一組，一人扮演某個角色，一人扮演某個角色的「思想」，並幫這個角色說出「心底話」，使其與角色的動作相呼應。

（四）**意外的電話／電話交談：**假裝接到電話，針對某個事件或人物談論看法。

（五）**訪問：**透過一方適當提問，另一方給予回應，以顯示角色的動機和態度。兩兩一組，分別扮演記者（或說客）與被採訪（被說服）的人。通常會賦予兩方一些特殊的身分或角色，以訪問或說理來了解或說明事情的始末

（六）**坐針氈：**故事中的角色，坐在椅子上接受大家詢問與其角色相關的問題，亦可藉此活動探索這角色的內心世界。

（七）**閒言閒語：**空間中走動，停下時找到另一人以聊天的方式，散播道聽塗說的想法，並對某個事件或人物議論長短。

（八）**報導文學／新聞報導：**經由新聞報導、封面故事或紀錄片的方式來闡釋或是呈現某些事件的原貌。

（九）**儀式：**透過某些群體的儀式（如頒獎、啟用典禮或成人禮等）讓一群人聚集一起，成為對彼此有信任或默契的團體，讓參與者更能投入戲劇情境，以完成預設的使命。

（十）**會議：**全體集合，一起針對某個相關議題或問題進行討論，並提出策略來解決問題。會議可以由教師或是其他人來主持。

（十一）**觀點與角度：**教師會在教室中畫出一條線，兩端分別是絕對贊成與絕對反對，中間則是一半贊成一半反對。全體學生思考是否贊成某個議題，並依據贊成與反對的比例，站在線上適當的對應位置。

第四節　戲劇教學前的考慮

戲劇活動強調兒童「想像」與「創造」的過程，在進行戲劇教學前，需要考慮兒童如何組織分配（人）、戲劇活動中教學資源的準備（物）、時間與空間的安排與掌控（時、地）及活動主題與將要進行活動的方式（事）等。戲劇教學若能由小而大、由簡而繁地觀照上述考慮，就能順利完成戲劇活動。

壹、人員分組

一般中小學或幼稚園的每個班級都有30位左右的學生，在帶領戲劇活動時，首先要考慮如何「分組」，使之能在有限的時間與空間中進行活動。通常分組的方式有下列不同的安排：

一、「全體同時」或「個別輪流」

「全體同時」是指所有兒童在同一時間內，站在定點，完成教師所賦予的任務。當兒童的社會技巧較成熟且能夠輪流及等待時，就可以常用「個別輪流」的方式來進行活動。

二、「雙人同時」或「雙人輪流」

「雙人同時」是指以與前述「全體同時」雷同，以兩人一組的方式，在同一時間內，依教師的指令，同時進行活動。因要與另一人合作，所以須等兒童有合作的默契後，才能進行。

三、「小組同時」或「小組輪流」

小組是三人以上的分組方式，教師可請兒童自行選擇小組成員，也可以隨機挑選或以報數的方式完成分組。在戲劇活動中，「小組同時」為班上全部的組別同時完成教師的要求或指令；而「小組輪流」則是個別小組輪流練習或分享。年齡較小的兒童，需要時間學習如何與他人合作相處，最好避免一開始就要進行雙人或小組合作的活動。

貳、時間的安排

在課程滿檔的教學時間中，要抽出時間進行戲劇活動，並非一件容易的事。在進行課程設計或帶領戲劇活動前，首先需要考慮「時間」的安排。

一、時間的長短

一般戲劇課程約30至50分鐘不等，不論是進行「時間的長短」或進行的「時段」，都會影響戲劇活動進行的狀況。教師需要視兒童的情況彈性地運用課程的時間。戲劇課程的延伸性也需考慮，若屬於同一個故事的2到3節課，最好時間不要拉得太長，不然會需要花費額外的時間來回顧上次課程的內容。

有時每日進行10分鐘的戲劇課，甚至比一個星期一次課程還好。

二、戲劇導入的時間

兒童對於戲劇主題的興趣與熟悉度各不相同，因此，進行戲劇前需要不同的導入時間。有些比較陌生的主題，需要較長的醞釀期。可在戲劇教學前，先做與主題相關的討論與體驗；而對於一些兒童已熟悉的主題或故事，可以跳過故事介紹，馬上進入創作想像的部分。

三、一堂課時間的分配

一堂課的戲劇活動流程約有前導暖身、創意想像、呈現分享和反思討論等四個部分，有時候因為兒童個別興趣不同，有的「前導暖身」或「創意想像」的部分就花了較長的時間，無法在當日完成呈現及反省。教師可視教學的情況，把整個戲劇的時段切成兩段或數段，分別在兩日或數日中完成。

總之，雖然戲劇活動中的時間分配與導入有所限制，但兒童的「興趣」主導著一切。一個吸引大家的主題能夠長時間地（超過50分鐘）抓住大家的興趣，即便間隔好幾天，他們對戲劇活動投入的程度仍然熱力不減。

參、「空間」的安排

空間的安排需要考慮活動的位置、學生的隊形、活動路線的安排及移動前的提醒。

一、教室狹小的空間

許多學校的空間有限，多半都在自己教室中進行戲劇活動。面對有限的教室空間，建議從兩方面著手改善：一為減少參與活動的人數，例如：一半的學生在教室，另一半去圖書館、戶外活動或吃點心；二為分組輪流，把全班分成兩大組，由一組先進行戲劇活動，另一組扮演觀眾。之後再交換角色。另外，也可移動一些桌椅，創造出開放或個別的戲劇空間。

二、找尋學校彈性空間

可利用學校中其它的空間，如韻律教室、午睡間、地下室、資源教室等進行戲劇活動。由於這些空間未加區隔且非兒童平日習慣性的使用方式，因此兒童常會因為場地太大，或不相關的材料設備（如鏡子、樂器等）而分心，以致無法專注於戲劇活動。因此，使用前必須貼好地線，移走會讓兒童分心的來源，明確訂定公約，活動才得以順利進行。至於一些體育館的空間太過遼闊，聚音效果差，且兒童慣於在這種場地追趕跑跳，難以定下心來進行活動，容易影響上課效果。

三、確定活動的隊形

依據不同的戲劇活動需要，常常需要在空間中排列不同的隊形。可以運用電氣絕緣膠帶在地上貼地線，幫助兒童確定其活動的範圍，常用的戲劇隊形有圓形、雙圈圓形、三面馬蹄形、兩邊對立、四面靠牆、四線排隊或空間發散等（如圖2-1）。教師平日就要和學生培養默契，常常練習，確保在活動進行中，一聽到教師的指令就能快速地排成需要的隊形，以提升活動間的銜接與流暢。

圓　形	雙圈圓形	三面馬蹄形	兩邊對立	四面靠牆	四線排隊

圖2-1　常用戲劇隊形

四、空間中動線安排

　　對初學者而言，最好以「定點」的方式來進行活動，如此能夠幫助兒童安定身心，也讓教師在帶領上較能循序漸進。若在一般教室中進行戲劇活動，可利用桌椅當成定點，或在沒有桌椅的地方，使用一張方形地墊作為活動開始與結束的定點。許多初階課程的活動，本來就是「定點」活動，如「肢-1-4　種子的故事」（注二），進行的是發芽長大的過程，兒童只要在定點上變成種子，將肢體慢慢地由低至高開展。由於兒童不需大範圍的移動，教師也較容易掌控兒童的秩序。

五、移動前的提醒

　　戲劇活動常需要兒童站起來到空間中「移動」。移動前，教師必須確定兒童間有足夠的空間，不致於身體展開時，互相碰撞。可用「手臂的空間」、「大腳的空間」或「身體的空間」等幫助兒童保持個體之間的距離。移動前，要確定兒童清楚地知道將要移動的方向與方式，如此才能避免造成混亂。此外，有些活動需要兒童時而坐下，時而進入空間移動。在這種情況下，教師最好在兒童坐著的時候，就先確定知道起身之後的移動狀態，以避免因方向的混淆而造成的混亂。另外，由定點而移動或由移動再回到定點的變化次數不宜太多，否則兒童忽起忽坐，很難有明確的方向感。

肆、教學資源的準備

教學資源對戲劇活動而言是非常重要的,不論幾歲的兒童,都需要一些道具及音樂來發揮想像,使其更能進入戲劇的情境。以下將從道具、特效分項說明。

一、簡單物品或道具的運用

無論對人物的模仿或劇情的呈現,教師若能適當地提供一些具體、半具體的實物、或非具體的替代物,都能增加兒童對戲劇內容的興趣,甚至引發更多的創意。例如:在人物模仿上,加上配件、衣物或頭套;在劇情中,加上真實的東西(如氣球、種子等)。教室中可以準備大型的布料、牆報紙、大小方形木箱等,這些都是能讓學生進入戲劇想像世界的媒介。

二、音樂、樂器與燈光的使用

此三者對整個戲劇時間的控制及氣氛的烘托有重要的影響。教師可利用教室中現成的燈光或窗簾來表示情境的轉換或日夜晴雨的變化,讓兒童更能表現出內心的感覺。而音樂則是全世界共通的語言,它能烘托戲劇的氣氛,也是一項很好的戲劇媒介。有時候,加入或由兒童自己為戲劇製造背景音效,對於鼓勵兒童的創意,有很大的幫助。借著戲劇氣氛的增加,兒童在不知不覺中更能專注地進入戲劇的情境。

三、其它的配置

教室中若能設置一個小小的舞臺,再可加上簾幕及簡單的燈光裝置,可讓兒童親身感受舞臺的效果。在進行課程前,也要留意一些小細節,如音樂檔案是否已儲存、電源有無插上、機器有無故障、東西是否在手邊等問題,以保障教學的順利。

伍、活動主題與方式的確定

在規劃戲劇活動時，為使未來活動進行得更順利，通常會先考慮「活動主題選擇」與「活動的結構性及難易程度」。

一、活動主題的選擇

一般，教師在選擇活動主題時會針對**「兒童的經驗或興趣」**來設計教學內容。通常，兒童對於玩具都非常喜愛，如機器人、布偶等，此時教師就可以以「玩具」為主題來進行戲劇活動。另外，一般學生在不同的課程中已有的**「學習經驗」**也能加以運用，成為戲劇活動的好題材。如自然課中探討「毛毛蟲變蝴蝶」，或生活課程中的「種子」及「天氣」等，透過這些已學習過的課程內容，加入戲劇互動元素，就能更吸引學生的興趣。有時，戲劇主題也可**配合特殊時機**而發展，如學校畢業典禮成果展現、話劇比賽或「防止霸凌」的校園宣導，都是戲劇主題的來源。

二、活動的結構性與難易程度

「結構性的高低」與教師掌控戲劇活動的程度及學生經驗有關。活動的「結構性高」時，教師預設的立場較明顯，提示的內容較多，兒童想像的空間相對變小。等到兒童的戲劇經驗累積及對故事的熟悉度提高後，教師就能用「結構性低」的方式進行，提示變少且增加開放性的問題，引導學生發揮更多的創意。

「活動的難易度」也是另一項考慮因素。戲劇活動的種類包含甚廣，活動間的難易度差別也大。從「默劇活動」到「即席口語對話」或「聲音的模仿與創造」等，有些活動比較容易進行，有些活動的挑戰性較高。在帶領之初，教師可先以默劇動作開始引導，要求兒童只做出動作，不需要講話。待大家有戲劇經驗後，就要求其進行對話或口語溝通。這個部分可以參考《兒童戲劇教育：肢體與聲音口語的創意表現》（注二）中的說明，以及不同難易活動的類型，進行設計。

第五節　戲劇教學中的師生關係

壹、常規共識的建立

　　戲劇課程一開始，最重要的就是要和兒童建立「共識」，透過「共識」具體建立的過程，才能產生一定的默契，戲劇活動也得以順利進行，有些國外教科書將這部分稱為「契約」（Contract）。通常，師生在建立共識時，包含兩個主要部分，一個是「建立常規」的共識，另一個是「進入戲劇情境」的共識。

一、常規的建立

　　戲劇課的開始，就是要與兒童「建立常規」的默契，通常教師可以運用討論的方式，與兒童共同訂定上戲劇課需要遵守的約定，一般的約定如下：

（一）教師的指令要仔細聆聽。

（二）盡力參與和發言，但是要舉手並輪流。

（三）別人發言時要注意聽。

（四）不隨意碰觸他人身體。

（五）不在教室中追逐奔跑。

（六）當同學在分享時，必須用心聆聽或認真觀看他人的創作。

在建立戲劇常規時，Heinig（1981）建議可運用一些正面的方式訂定，如：

（一）因為我喜歡別人注意我說話，所以我也會注意聽別人說話。

（二）因為我不喜歡別人說我的想法很笨，所以我也不會說別人。

（三）因為我不喜歡別人嘲笑我的感覺，所以我也不會嘲笑別人。

（四）因為當我表演時，我不喜歡被別人打擾，所以我也不會打擾別人。

（五）因為我喜歡有好的觀眾看我表演，所以我也要當一位好的觀眾。

（六）因為我不喜歡被別人排斥在外，所以我也願意讓別人與我同組。

二、開始的默契建立

　　教師也能夠與兒童建立「特別的默契」，以增進戲劇中的互動，如：

（一）教師拍鈴鼓一下表示開始，拍兩下表示行動停止。

（二）聽到教師拍手時，要停止所有動作，站在原地回應教師的拍手次數，例如教師拍三下，大家就要回應拍手三次。

（三）戲劇開始時，全班要圍成一個圓圈坐下，等待教師的指令。

（四）當教師喊「梅花」隊形時，表示要個別小組圍成小圈圈坐下。或當教師喊「升旗」隊形時，表示要以行列方式排列。

（五）戲劇進行中，若是教師用眼神嚴肅地注視你時，表示需要注意自己的行為。

（六）當教師開始倒數時，就表示戲劇活動即將結束。例如：教師開始倒數5、4、3、2、1時，就已經要準備結束當下進行的討論或活動。

對於初次接觸戲劇活動的班級或成員，也需要特別和他們建立「進入戲劇情境」的默契，有時甚至要在第一次上課，花一整堂課的時間，來示範或說明如何進入戲劇情境，如：

（一）當教師戴上帽子或者攜帶某些特別的道具時，就會變成另外一個角色，大家要依劇中角色的要求，給予適當的回應。

（二）當教師脫掉帽子或去除道具時，就會恢復教師的角色。

（三）當教師講一個故事或說「假裝現在大家是……」，這時表示教師要帶著大家進入戲劇情境，也請大家發揮想像跟著一起扮演。

貳、常規的維持與彈性

一、運用「戲劇內控」維持常規

常規的維持最好的方式，就是運用「入戲」的策略，由教師扮演角色來設定要求，使兒童在戲劇情境中，不知不覺地隨著教師的角色接受指令。透過戲劇情境來掌控教室常規，比較不易打斷活動的進行，更不會妨礙兒童創意的發揮。如：

（一）教師扮演國王的角色，要求兒童扮演人民且必須聽從國王的命令。

（二）機器人電池用完了，不能再動了。

（三）動物躲到山洞中，不能發出聲音了。

利用「戲劇遊戲」也能提供兒童練習自我控制，進而達到課程規範的機會。例如：走路、慢動作、冰凍活動、猜領袖、肢體放鬆及無聲之聲等。透過這些遊戲式的活動，在過程中學習如何隨著教師的指示，控制自己的身體和聲音。

二、「維持」並「堅守」所訂定的原則

　　教師在處理常規時，一定要時時提醒自己與兒童，對於已設立的規則必須實行同一種方式與標準，讓大家了解教師堅守原則的決心，如：

　　（一）常規的討論需要有一個結論，且下次上課時，要執行已定的規則。

　　（二）教師必須確實執行違反公約的處理原則。

　　（三）戲劇課前的常規提醒與建立，對部分兒童效果不大。若是在常規問
　　　　　題發生的當下處理，且事後馬上與兒童討論處理的緣由，並強調規
　　　　　則與行為的因果關係，效果較好。

　　（四）教師必須在使用道具前，說明其使用的方式，且強調若不能遵照規
　　　　　則，就無法使用。

三、違反常規或精神渙散時喚回注意力

　　在戲劇活動進行中，當有人的行為干擾到活動且違反常規時，教師常可應用提醒、溝通、討論、轉移、扮演、暫停及隔離等方式，處理一般問題。戲劇活動進行中，兒童也會因為許多外在的因素而影響專注力，顯得精神渙散，教師可以下列方式來喚回學生的「專注力」：

　　（一）將音量降低，或以「無聲」的方式說話。

　　（二）適時地變化聲音，以表示不同的情緒與意義。

　　（三）念口訣集中注意力，如教師說："Attention"，兒童回應
　　　　　"One ,Two"，並在原地踏步兩下。

　　（四）使用鈴鼓或手鼓拍節奏，請兒童回應相同的節奏。

　　（五）靈活運用簡單的小遊戲，如教師喊1起立、喊2原地跳一下、喊3躺
　　　　　下、喊4坐起來，或進行「老師說」的遊戲等。

參、建立互信互賴的關係

　　在帶領戲劇活動時，最重要的關鍵就是如何在「教師與學生」或「學生與學生之間」建立一種彼此信賴且尊重的關係。首先就是要能接受彼此不同的想法、感受與表達方式，可以運用下列方法。

一、適當真誠地鼓勵

鼓勵是幫助兒童覺得自己有價值的方法。它是一種欣賞且接納他們本身的口語及行動的表現。若教師能對兒童有信心，他們會更容易接納且尊重自己和別人的想法與感覺。對年紀較小的兒童，受限於思想與表達的能力，常會提出一些不合邏輯，無關主題或缺乏創意的想法，教師絕不可認為其想法太過幼稚而加以嘲笑。在鼓勵兒童的行為時，教師可以用下面語句表達（Cherry，1983）：

例一：顯示接納的語句

「你們好像蠻喜歡做……」

「你們好像很怕巨人？為什麼？」

例二：表示信任的語氣

「我相信你們可以幫忙巨人，解決他愛發脾氣的問題。」

例三：指出貢獻、才能和感謝的語句

「謝謝，有了你們的幫忙，讓我對十二生肖有更深刻的記憶。」

「還好有各位村民的幫忙，不然我真的不知道該怎麼面對巨人。」

二、接受及反映學生的情感

利用「反映式的傾聽」可以讓兒童誠實地表達自己的信念和情感，而沒有被拒絕的恐懼。傾聽兒童說話時，要讓他們知道教師很清楚知道一些已經說的、沒有說的和其背後要表達的是什麼。下面就是一位戲劇教師在上課時，運用反映式的傾聽來釐清兒童心中真正想要表達的感受（Heinig，1981）。

兒童：「你好笨喔！」

教師：「為什麼會覺得老師好笨呢？」（教師未生氣）

兒童：「因為你常常假裝來假裝去的，看起來好好笑喔！」（兒童表達自己感覺）

教師：「對啊！我真的很喜歡演戲，我覺得很好玩耶，你覺得這樣看起來很好笑是不是？」（幫兒童澄清問題）

從例子可以看到，這個兒童可能在其它地方聽過這樣嘲笑別人的方式，也怕別人會用相同的方式笑他，或許他自己心裡對於這種假裝的扮演行為，覺得並不自在，因此就先發制人，以為這樣就能避免別人的嘲笑。但是當這位兒童聽到教師點出自己內心的掙扎且願意接受他的感覺時，他的焦慮可能因而減低

且願意繼續參與活動。

在情感的表達方面，教師應該在平日就試著傳達「所有的人都有感覺」的訊息。且透過「主動的傾聽」（Active Listening）來協助兒童描述及反映自己的感覺。根據Gordon（1974）的建議，可利用下列描述「負面情感」或「正面情感」的字眼來「反映兒童的感覺」（見表2-3）。

表2-3　反映「負面」與「正面」情感的字詞

反映「負面」情感的字詞	反映「正面」情感的字詞
被錯怪了、生氣、著急、無聊、挫折、困擾、失望、氣餒、不受尊重、懷疑、尷尬、覺得想放棄、懼怕、有愧疚感、憎恨、絕望、受傷害、能力不足、無能為力、被忽略、可悲的、不受重視、被拒絕、傷心、愚蠢、不公平、不快樂、不被愛、想要擺平、擔心、覺得自己沒價值	被接受、被欣賞、好多了、有能力的、舒坦的、自信、受鼓勵、喜歡、興奮、愉快、舒服、充滿感激、了不起、快樂、愛、欣慰、驕傲的、放心了、受尊重、滿足的

三、接納學生的想法

進行戲劇活動中，兒童也常會有天真奇怪的想法出現，若是教師能坦然接受，甚至引導討論以澄清某個觀念，這些都能幫助兒童接納自己與同儕間彼此的感覺與想法。下面就是實際教學時發生的例子：

例一、接受具暴力的想法

進行《布，不只是布》（注二）時，兒童拿起拐杖做出打獵的動作。

兒童：「砰……砰砰砰，我射到了。」

教師：「喔！你射到的是……？謝謝你，那拐杖除了變成槍之外，還可以變成什麼？」

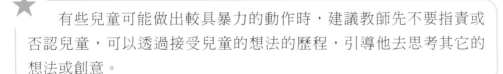

有些兒童可能做出較具暴力的動作時，建議教師先不要指責或否認兒童，可以透過接受兒童的想法的歷程，引導他去思考其它的想法或創意。

例二、害羞或不敢分享的小明

當每個人都變成氣球在空中飛翔時，教師發現小明做得很棒，想要請他出來做給大家看。小明拼命搖頭，顯出害羞的樣子。

教師：「沒關係，等你準備好的時候再請你出來分享，那現在有誰想要跟大家分享的？」

★ 有時候教師想請表現好的兒童出來示範給大家看，以鼓勵他的表現，但有些兒童較害羞，不願意出來時，建議教師不要強迫他出來，反而運用一些接納的語氣或用詞，讓兒童瞭解「其實教師是知道他的感覺」的。

例三、接受異想天開的答案

　　在經過一番氣球吹氣、消氣的引導與討論後。

　　教師：「你現在是一顆扁扁的、沒有吹氣的氣球，數到10就會充滿氣了喔！1、2、3……10（教師走到其中一個兒童身旁），你是什麼樣造型的氣球呢？」

　　兒童：「珍珠美人魚！」（教師繼續進行活動）

★ 兒童的答案雖然有點異想天開，但他們所呈現的都是創意的發想，建議教師接受其回答，且不加以批評，繼續向下進行活動。

四、接受創意的限制及模仿的行為

　　兒童在活動之初的想法或表達有時會顯得「了無創意」，教師應了解這些行為只是開始的表現，「創意」會隨著熟練、適當引導而逐漸發展出來。兒童本就常會從模仿教師或其他同伴中學習表達，有時兒童會因模仿而互相指責：

　　小明：「老師他學我，哼！」

　　教師：「沒有關係，我想他應該是很喜歡你，所以才會學你做動作，你再試試看不同的動作！」（接著描述其他兒童的動作）

★ 教師表達了他接受模仿為學習的一種方式的態度。同時，也解除了模仿者的窘境，並增加發想者的信心。無形中，兩人互相信賴的感覺也會增進。

五、表達教師自己的感覺

　　一位成熟的戲劇教師在面對自己的情緒困擾時，應坦承面對自己的問題，且誠實地表達出來，讓兒童了解，因為他們的某些行為，影響了教師及其他人的情緒，甚至干擾了整個戲劇活動的進行。

　　根據Gordon（1974）建議，教師可用「我－訊息」的方式（I-message）來溝通自己的感覺與想法。「我」的訊息一般包含三個部分：

（一）要能使兒童明白地了解對教師造成的問題是什麼。換言之，教師必須先描述干擾你的「行為」（只加描述，但不含責備之意）。

（二）要指明該項特殊行為給予教師實質或具體的影響是什麼。簡言之，教師要「描述後果」。

（三）要敘述教師因受實質的影響而內心所生的感受，換言之，教師要「描述行為造成的後果給你的感受」。

　　一般而言，我們可以用下列公式套入：「當你……（描述行為），結果造成……（描述行為後果）」、「我感到……（描述情感或感受）」或「當你……（描述行為），我感到……（描述情感或感受），因為……（描述行為後果）」。如此一來，教師在表達自己的感受之後，相信兒童也能很快安靜下來。

六、接受自己的錯誤

　　在開放活動中，每個人都盡情地嘗試不同方法，但有時也會失誤。許多人常以為「失誤」代表「失敗」，就無法接受這種事情。尤其是一般教師，容易把自己建立成有權威且不容犯錯的形象，要叫他打破自我的藩籬去接受自我的限制，更是一件不容易的事。因此，若教師能突破自我的限制，在平時活動中勇於嘗試新鮮的想法，並能接受錯誤，便能作為兒童學生的示範。下面就是一個例子：

　　　　接受錯誤一：「對不起，老師音樂放錯了，我們重來一次。」

　　　　接受錯誤二：「記不記得討論時說好，要年獸一戶戶敲門拜訪，每戶人家必須與年獸進行一連串的互動讓大家看，剛剛大家講太小聲了，這次放大音量再試一次好嗎？」

綜合而論，要建立良好的師生關係、營造互信互重的教室氣氛，無論是帶領的教師或參與的兒童都必須具備下列兩項重要的態度和能力。

(一)對別人的開放與了解

對別人正面及負面的想法、感覺及行動都能接受，且有表達的能力與意願，讓對方「知道」你對這些想法、感覺及行動的了解。這必須透過正面口語的鼓勵、反映式傾聽等技巧來達到上列目的。

(二)對自己的開放與了解

無論是教師或兒童都必須培養接納自己的態度，尤其是針對較「負面」的感情或「欠缺」的能力。教師如何能利用「我－訊息」進行溝通，用適切的語意表達自己的感覺與不足之處是相當重要的。對兒童而言，教師的身教示範也會影響其關係互動的模式，這對整個班級氣氛的營造的確是關鍵且重要的起步。

注一：林玫君（2006）。表演藝術之課程發展與行動實踐——從「戲劇課程」出發。**課程與教學**，9（4），119-139。

注二：林玫君（2016）。**兒童戲劇教育：肢體與聲音口語的創意表現**。臺南市：復文圖書。

注三：林玫君（2017）。**兒童戲劇教育之理論與實務**。新北市：心理。

第 **3** 章
歌謠童詩之戲劇創作

3 運 動

歌謠童詩之戲劇創作

教學目標
1. 透過童詩發展身體動作的可能性。
2. 探索身體的操作性動作,如:彈、轉、彎等。
3. 提升對文字內容的敏銳度與創意性。

教學準備
童詩《運動》、鈴鼓。

運動

動動指頭像彈琴;轉動手腕像搖鈴;
舉起雙手向天空;轉動手臂像時鐘。

◆ **教學流程**

1 邀請學生一同念唱童詩《運動》,也可搭配手部動作,進一步熟悉童詩內容。

2 引導練習不同的「彈琴」及「搖鈴」動作,並搭配第一段童詩綜合練習。
「你會怎麼彈琴?用手嗎?可以用腳嗎?請你試試看。」
「手搖起來會怎麼動?腳呢?身體也可以搖嗎?」
「請你配合我說的,把剛剛練習的動作接起來喔!」

3 引導練習不同的「舉手」及「時鐘」動作,並搭配第二段童詩綜合練習。
「舉手是高高的還是低低的?太厲害了,用腳也可以舉高高。」
「時鐘長什麼樣子?怎麼用手或腳表現出有長有短的時鐘?」

4 綜合兩段童詩,分組邀請學生分享自己的創作。

5 分享邊做動作邊念童詩的感覺。

◆ **教學延伸**

1 討論不同動作可以變化的情形,如彈琴可以變成毛毛蟲、筷子等。

2 綜合學生的討論,腦力激盪產生新的童詩,如「動動手指像毛蟲,轉動手腕像花朵,舉起雙手向天空,轉動手臂像蜜蜂。」

◆ **教學小提醒**

1 ▶ 亦可在平日練習童詩,增加對於童詩內容的熟悉度,減少當日練習的時間。

2 ▶ 為讓動作多元,可加以引導使用身體其他部位進行發展,不局限在手部。

春

教學目標	1. 透過童詩探索肢體的操作性動作，如：鑽、拉、扭、彎、 　蜷曲等。 2. 發揮想像，配合情境做出相關的默劇動作。
教學準備	童詩《春》、鈴鼓。 　　　　春 草芽兒，細細的，尖尖的， 它是從泥土裡鑽出來的一個春。 蝌蚪兒，黑黑的，扭扭的， 它是從池塘裡游過來的一個春。 燕子兒，輕輕的，閃閃的， 它是從屋簷下飛出來的一個春。

◆ **教學流程** ●　◆ **教學小提醒** ●

1 邀請學生一同念童詩《春》，並搭配手或手指的動作，邊念邊做。

2 引導練習不同的「鑽」的動作，並搭配第一段童詩綜合練習。

「什麼東西從土裡鑽出來？」
「要怎麼鑽出來？是從哪裡先出來？」
「手會怎麼出來？腳呢？身體呢？」
「老師等會會數10，請你慢慢地將身體從泥土中鑽出來。」

3 引導練習不同的「游」的動作，並搭配第二段童詩綜合練習。

「是什麼在池塘中游來游去？」
「怎麼游的呢？有跳出水面嗎？」
「如果要用你的身體假裝游，你會怎麼表現？」
「老師等會會數10，請你假裝在池塘中游來游去。」

4 引導練習不同的「飛」的動作，並搭配第三段童詩綜合練習。

1▶ 先從手部動作開始，可以幫助學生熟悉童詩內容。

2▶ 亦可在活動結束後，進一步討論除了「芽」，還有什麼動物會從土中鑽出（如蚯蚓），作為改編童詩的基礎。

3▶ 亦可討論除「蝌蚪」外，還有什麼動物會在池塘中游來游去。
▶ 可針對新討論的角色，做更多的發展。

「如果你是燕子，你會怎麼飛？是會輕輕飛還是重重飛？」

「飛的時候會經過哪些地方？身體會如何移動？」

「老師等會會數10，請你假裝燕子在一堆屋子外飛來飛去，小心不要撞到牆壁或屋頂了喔！」

5 綜合三段童詩，邀請學生分享自己的創作。

6 分享邊做動作邊念童詩的感覺。

4▶ 亦可討論除了「燕子」，還有什麼動物會在空中飛來飛去，並針對不同的鳥類做引導與討論，如飛行的方式不同。

◆ **教學延伸**

討論改編童詩內容，並依照步驟2至4，再次進行自創的童詩活動。

影 子

教學目標 | 1. 探索身體在空間中移動的可能性。
　　　　　　 2. 透過詩歌的內容，發展創意的表現。

教學準備 | 童詩《影子》、鈴鼓。
　　　　　　　　　　　影子
　　　　　　 跟著我跑，跟著我跳，
　　　　　　 跟著我哈哈笑，
　　　　　　 跟著我摔一跤；
　　　　　　 怎麼甩，都甩不了，
　　　　　　 怎麼躲，也躲不掉！

◆ **教學流程**　　　　　　　　　　　　　　　　◆ **教學小提醒**

1 分享對於影子的觀察與發現。
　「在戶外遊戲場時，有沒有發現影子跟著我們在做什
　　麼？」

2 邀請學生一同念唱童詩《影子》，也可搭配節奏樂
　器，進一步熟悉童詩內容。

3 引導練習不同的「跑」、「跳」及「哈哈笑」的動　　　**3▶** 練習後，可邀請幾位有創
　作，並搭配第一段童詩綜合練習。　　　　　　　　　　　　意的學生做分享。
　「主人你會怎麼跑，請你試試看。」
　「你會怎麼跳？」
　「開心的話，會怎麼哈哈大笑呢？」
　「你配合老師說的詩，做出剛剛的動作。」

4 引導並練習不同的「摔跤」、「甩掉影子」與「躲　　**4▶** 除了老師主動引導外，也
　避影子」等動作，並搭配第二段童詩綜合練習。　　　　　可以請學生自己邊說邊
　「主人要摔跤了，你會怎麼摔？」　　　　　　　　　　　做。
　「影子一直在後面，怎麼辦？要怎麼甩掉影子？」
　「快，我們來試試看，可以怎麼樣躲影子？」
　「現在老師要念童詩了，請你注意聽老師說的內容，
　　做出剛剛練習的動作？」

5 兩兩一組，一人當主人，背對影子，一人當影子，在主人後面，並搭配童詩，主人配合節奏做動作，影子跟著主人做動作。

6 分享邊做動作邊念童詩的感覺。

7 綜合討論影子還可以跟著主人做什麼。

「影子除了跟著你跑跳外，還會做什麼其他的事情？」

◆ 教學延伸 ────────────────●

1 邀請學生到戶外遊戲場實際遊玩。

2 回到教室中，與學生一同創作一首新的《影子》童謠，如：

跟著我蹲，跟著我爬，跟著我盪秋千，

跟著我溜滑梯，跟著我躲貓貓，

怎麼躲，也躲不掉！

3 搭配新創作的童詩，邀請學生一同為童詩創作新的動作。

5▶ 若班上人數過多，可分成兩大組進行影子遊戲。

▶ 兩兩一組練習後，可以交換角色，如影子變成主人、主人變成影子。

▶「影子」的活動可參考「林玫君（2016），《兒童戲劇教育：肢體與聲音口語的創意表現》，臺南市:復文圖書」。

小老鼠上燈檯

教學目標	1. 透過肢體動作探索老鼠的動作。 2. 透過合作引發肢體創意。 3. 配合情境做出相關的默劇動作。
教學準備	兒歌《小老鼠上燈檯》、鈴鼓。 小老鼠上燈檯 小老鼠，上燈檯， 偷油吃，下不來， 叫媽媽，媽不來， 嘰哩咕嚕嘰哩咕嚕滾下來。

◆ **教學流程**

1 熟悉兒歌《小老鼠上燈檯》。

2 討論小老鼠的角色個性、外形及動作等並練習。
  「這是一隻什麼樣的老鼠？會發出什麼聲音？身材如何？」
  「如果是胖胖的老鼠，會怎麼樣走路？瘦瘦的呢？」

3 討論練習小老鼠上燈檯的快慢動作。
  「老鼠要爬上高高的燈檯，要怎麼爬上去，現在你就是那隻老鼠，要爬燈檯了。」
  「小心一點，現在先慢慢爬上去，慢點，不要被發現了。」
  「快！要被發現了，這次要快快爬。」

4 討論練習小老鼠從燈檯上「摔跤」的動作。

5 配合兒歌，個別綜合呈現步驟2至4的動作。

6 五到六人一組，扮演上燈檯的小老鼠，老師扮演貓，小老鼠邊唱兒歌邊做動作，當唱到「叫媽媽，媽不來」的時候，扮演貓的老師出現，小老鼠就嘰哩咕嚕滾下來。

◆ **教學小提醒**

2▶ 可以運用「畫圖」的方式，邀請學生將小老鼠的外形特徵畫下來後，並針對外形特徵進行動作的討論。

3▶ 可以透過口述，增強快、慢動作的張力。
  ▶ 可以運用另一個相反的角色「貓」，增加緊張感，如貓正在睡覺，聽到聲音，突然醒來，發現小老鼠等。

7　綜合討論扮演老鼠的感覺，分享令人緊張的情節與心情。

「剛剛扮演過程中，哪個地方讓你覺得很好玩？哪個地方讓你覺得好緊張？為什麼？」

7▶　若還要進行呈現或分享，建議可以加入節奏樂器，增加戲劇張力，如快打木魚表示貓快要醒過來了。

◆　**教學延伸**

1　可與學生進一步討論小老鼠上燈檯的動機，並改編歌曲內容。

2　「老鼠與貓」另有一首顛倒歌的版本，收錄在信誼的「小胖小新創兒歌」系列中。歌中的老鼠變得驕傲自大，反而貓咪變得膽小害怕，見了老鼠來還夾著尾巴趕快跑。教師也可在做完正版的歌謠後，與學生討論第二個版本，交換不同性格的角色，體驗不同的戲劇情境。

樹兒快長大

教學目標	1. 透過兒歌探索不同的肢體動作。 2. 配合情境做出默劇動作。 3. 透過合作引發肢體創意。
教學準備	兒歌《樹兒快長大》、鈴鼓。 樹兒快長大 樹呀，樹呀，我把你種下， 不怕風雨，快點長大。 長著綠的葉、開著紅的花， 鳥來做窩，猴子來爬，我也來玩耍。

◆ **教學流程**　　　　　　　　　　　　　◆ **教學小提醒**

1　熟悉兒歌《樹兒快長大》。

2　雙人一組，討論並練習將樹種下的動作。

「樹苗長什麼樣子？」

「要怎麼種？」

「請你們兩個決定好，一個要扮演樹，一個要扮演種
　樹的人，當我從1數到10時，請將樹種下。」

2▶ 此雙人小組會一直合作到活
　　動結束。

▶ 若無法確定角色，可用猜拳
　的方式決定。

3　維持雙人一組，討論並練習風雨的模樣，然後扮演
　出在風雨中成長的樹。

「如果你是風會怎麼移動？遇到樹會怎麼吹？」

「如果你是雨會怎麼下？要怎麼表現下雨的動作？」

「樹遇到風雨怎麼應對？連根被拔起嗎？」

「請樹繼續扮演樹，剛剛扮演種樹的人會變成風雨，
　在樹的周圍，我們來看看樹跟風雨之間會發生什
　麼事？」

「當我從1數到10，風雨就會來襲，樹就會搖搖晃
　晃。」

3▶ 風和雨可選擇其中一種練習
　　或呈現。

▶ 可於此時分享不同的樹遇到
　風雨的動作，讓學生可以看
　到更多的創意。

▶ 也可將數到10改為歌唱「不
　怕風雨，快點長大」，或在
　數到10的練習完成後，搭配
　歌詞一起練習。

4　持續雙人一組，先討論練習開枝散葉的動作，再討
　論練習鳥與猴子跟樹的互動動作。

「樹經過風雨長大了，會怎麼長？長高嗎？還是往旁
　邊長出很多的葉子？」

4▶ 開枝散葉的過程，建議可隨
　　時將學生的表現旁述出來。

樹兒快長大

「如果你是一隻小鳥，會在樹上做什麼？」
「如果你是一隻猴子，會怎麼跟樹玩？」
「當我從1數到10，小樹會慢慢長大成大樹。小鳥或猴
　子開始來找樹玩囉！」

5 配合兒歌，雙人小組綜合呈現步驟2至4。

6 綜合討論扮演角色的感覺，且分享刺激的地方與心情
　「剛剛扮演的時候，哪個地方讓你覺得刺激好玩？
　　為什麼？」

5▶ 若有時間，可以兩人交換角色，再次進行步驟2至4。

◆ **教學延伸** ────────────────●

1 可與學生進一步討論樹除了風雨，還不怕什麼；也可
　以討論會跟樹一起互動的動物有哪些，藉以改編歌曲
　內容。

2 可將所有角色挑出，如樹、種樹者、風、雨、鳥、猴
　子等六個，邀請學生六個人一組（每人扮演一個角
　色），依據分配的角色進行分組創作。

三輪車

教學目標	1. 發展身體的組合動作。 2. 配合情境做出相關的默劇動作。 3. 透過合作引發肢體創意。
教學準備	兒歌《三輪車》、鈴鼓。 三輪車 三輪車，跑得快，上面坐個老太太， 要五毛給一塊， 你說奇怪不奇怪。

◆ 教學流程 ──────────────── ◆ 教學小提醒 ──────

1　熟悉兒歌《三輪車》。

2　討論並分組，運用肢體，練習組合「三輪車」。
　「三輪車長什麼樣子？」
　「你覺得會有幾個輪子？怎麼載人呢？」
　「請四個人一組，用你們的身體，組合成一台三輪
　　車，可以動的三輪車喔！對了，其中有一個人要負
　　責開三輪車喔！」

> 2▶ 若學生年紀較小，也沒有分組的經驗，建議3到4人一組，組合創造三輪車的造形即可。

3　分享三輪車奔跑的情形。

4　討論「老太太」一角，發展老太太的動作。
　「老太太大概幾歲？長什麼樣子？」
　「她會怎麼說話？怎麼走路？」

5　分享「老太太」角色，並由老師扮演記者，進行對
　老太太的訪問。
　「老太太，您要去哪裡？」
　「老太太，您在這裡等三輪車等多久了？」

> 5▶ 老師可以假裝拿一支麥克風進行訪問。

6　邀請一組三輪車及一位老太太進行綜合分享與示範。
　「當我邊念兒歌的時候，三輪車跟老太太就要出來，
　　演給大家看喔！直到念完你說奇怪不奇怪，再定格
　　不動。」

> 6▶ 此為示範的作用，作為後續活動的基礎，因此，建議可以邀請比較有想法或反應比較快的學生做分享。

7　透過前一步驟的定格畫面，進一步討論老太太多給
　錢的原因及車夫可能回答的內容。

> 7▶ 若時間不足，或學生尚無法進行深入的討論，此步驟可省。

三 輪 車

「為什麼人家要五毛，老太太卻給一塊？」

「如果你是開車的人，你收到一塊錢，會怎麼辦？
怎麼跟老太太說？」

8 邀請定格畫面中的老太太與車夫做即興對話。

8 ▶ 即興對話沒有長短或對錯，以學生的創意為主。

9 五至六人一組，分配角色後（老太太、車夫、三輪
車），進行討論與分享，並請老太太跟車夫在定格
後，做出即興對話。

10 綜合分享扮演的感覺與想法。

◆ **教學延伸** ————————————●

可針對老太太做進一步的討論與扮演，如畫出老
太太的形象、找出老太太的家人等。

一起去打獵

教學目標

1. 透過肢體動作探索打獵的動作。
2. 配合情境做出相關的默劇動作。
3. 配合節奏練習流暢性的位移動作。

教學準備

童詩《一起去打獵》（由美國童謠改編）、鈴鼓、帽子。

　　　　一起去打獵

我們大家去打獵，非得抓個大的打，
我們不怕——走—走—走—
喔！
天哪！前面有座橋！沒法飛過去！
沒法鑽下去！非得 走 過去。
我們大家去打獵，非得抓個大的打，
我們不怕——走—走—走—
喔！
天哪！前面有條河！沒法飛過去！
沒法鑽下去！非得 游 過去。
我們大家去打獵，非得抓個大的打，
我們不怕——走—走—走—
喔！
天哪！前面有棵樹！沒法飛過去！
沒法鑽下去！非得 爬 過去。
我們大家去打獵，非得抓個大的打，
我們不怕——走—走—走—
喔！
天哪！前面有山洞！沒法飛過去！
沒法鑽下去！非得 摸 進去。
嗚～這裡好黑喔！走走走，我摸到一個東西，
咦～好像是一對耳朵，好像是一個鼻子，
好像是……一張嘴巴！
天啊～這是一隻狗熊！快跑……

一起去打獵

◆ **教學流程**

◆ **教學小提醒**

1 熟悉童詩《一起去打獵》。

2 邀請學生一面踏步一面吟唱《一起去打獵》。

3 討論練習童詩中的「走」、「游」、「爬」、「摸」等動作。

「前面有一座橋，要怎麼走過去？」

「前面有一條河，要怎麼游過去？」

「前面有棵樹，要怎麼爬過去？」

「前面有個山洞，要怎麼摸黑進去？」

4 設定教室空間，如起點與終點，說明將在起點與終點中來回踏步去打獵。

5 五至六人一組，老師扮演獵人隊長，帶領小組學生邊踏步邊念童詩，來回在起點與終點間，做出不同的「走」、「游」、「爬」、「摸」等動作。

6 進入山洞，老師可口述以下內容：

小心腳下！石頭上長滿青苔，又濕又滑。（暫停一會兒）這裡面好安靜，又黑又靜。空氣中有股濕濕的霉味。注意聽！（靜待一會兒）有沒有聽到？好像有東西正在裡面移動，把手電筒稍微向上照一照，向左……哦，再試試右下方……上面，喔！天啊！有蝙蝠！別慌，保持鎮靜！

奇怪！這裡好黑呀！東摸摸、西摸摸，我摸到毛毛的東西、好像是一對耳朵耶！再往上摸，怎麼濕濕黏黏的，好像是一隻鼻子耶！嗚～怎麼還有軟軟的東西在舔我的手，趕快打開手電筒看看，天啊！是一隻熊，一隻「大」黑熊！

快點回去！貼著牆壁走回去，快點回去，快點摸出山洞，那邊有棵樹，快點爬過去，前面有條河，快點遊過去，那裡有座橋，快點走過去。快……快……快……，快跑回家，打開家門、爬上樓梯，關上房門、鑽入棉被中，呼～終於安全了。

7 分享打獵的感覺與心情。

2► 此類具有節奏的童詩，可以運用不同的方式增加練習的機會，如踏步、敲打節奏樂器等。

3► 允許學生有不同的肢體表現。

4► 建議可運用電光膠帶，在教室地板貼上起點線與終點線。

5► 其他沒有上場的學生，也可以在旁協助吟唱童詩，讓童詩更具節奏感。

一起去打獵

◆ **教學延伸** ────────────●

1 與學生一同討論，打獵還可能經過的地方及其相對應的動作，如經過爛泥巴要黏黏地走過去；經過獨木橋要張開手搖晃過去等。

2 也可以在童詩的最後「天啊～這是一隻狗熊！快跑……」，邀請學生倒著回述故事，如本來是「走」→「游」→「爬」→「摸」→，倒著回去變成「摸」→「爬」→「游」→「走」，最後回到家，上樓梯，回到房間蓋上棉被躲起來。

3 進一步與學生討論打獵的其他可能性，並改編童詩。

大蟒蛇

教學目標	1. 欣賞及熟悉童詩的內容與韻律。 2. 增進聲音及肢體的表達能力。 3. 培養小組合作的默契。 4. 集體創作童詩。
教學準備	童詩《大蟒蛇》（Shel Silverstein的童詩，摘自人行道的盡頭，玉山社，1995）、大蟒蛇童詩的海報（用兩色筆標明詩的主體與語尾助詞）、蛇偶及其它小動物手偶、鈴鼓、背景音樂。

大蟒蛇

喔，一條大蟒蛇正在吞食我，

大蟒蛇呀，大蟒蛇，

一條大蟒蛇正在吞食我，真不是鬧著玩的。

啊！你看你看牠咬住了我的腳趾。噢嗚，痛呀！

牠吞到了我的膝蓋，天啊！

吞到大腿來了。嗚呼！

吞到肚子來了。哀哉！

吞到脖子來了。啊呀！啊啊啊，吞到喔喔喔嗚嗚嗚……。

◆ **教學流程** ━━━━━━━━━━━━━━━━━ ● ◆ **教學小提醒** ━━━━━━━━●

1 利用大蟒蛇偶介紹詩中主角大蟒蛇先生。

「有沒有看過大蟒蛇？」

2 介紹大蟒蛇的習性，如：愛吃東西，包括食物、動物、人或任何沒有生命的東西。

「大蟒蛇愛吃什麼東西？」

「怎麼吃？」

3 利用大海報介紹童詩《大蟒蛇》，並用手偶小老鼠及獅子的對話，引入大蟒蛇在森林中獵食小動物的話題，並帶入蛇偶，製造詩中的危險情境。

4 討論並鼓勵練習詩中的用詞與語調聲音的變化。

「如果你是小老鼠，看到大蟒蛇正向你走來，會怎麼念大蟒蛇中的前幾句話？」

「如果你是大獅子呢？」

「當牠咬到腳趾時你會怎麼叫？吞到膝蓋呢？」

「當牠吞到大腿、肚子、脖子時，你會怎麼說？」

5 將全班分成兩大組，分組朗讀詩並探索不同驚嘆語詞的表現。如：「啊！」、「痛呀！」、「天啊！」、「嗚呼！」、「啊呀！」等。

6 與學生一起運用肢體進行童詩的朗讀與練習，每人利用兩隻手，一隻手假裝當成大蟒蛇及另一隻手假裝當成被獵食的動物，跟著詩的內容練習兩種角色的互動。

「怎麼樣用手做出一隻大蟒蛇？」

「怎麼做會讓每隻大蟒蛇都長得不一樣？」

「試試看用另一隻手變成一隻小動物，你想到變成什麼動物？」

7 兩兩一組，分別扮演大蟒蛇與小動物。練習跟著詩的內容，進行雙人的互動。

「怎麼樣用自己的身體做出一隻大蟒蛇？」

「怎麼樣用身體變出不同的小動物？」

「請你找一個朋友，決定一個當1號，一個當2號，分別扮演蟒蛇與動物。」

8 五至六人一組，分組討論蟒蛇的造形及名稱特色。

「若每組的小朋友變成一隻大蟒蛇，可以怎麼做？」

「你們想要給自己的蟒蛇取什麼名字？牠有什麼特別的地方？」

9 分組呈現前的計畫與討論，如角色的分配、場地位置的安排、流程的進行等。

「哪一組的大蟒蛇要先呈現？」

「要怎麼被吃掉？」

「等一下要讓每組的大蟒蛇到森林中吃小動物，教室中哪裡可以當森林？大蟒蛇要從哪裡出發？小動物的位置在哪裡？」

「等下先有段音樂，大蟒蛇準備好後，大家一起朗讀詩中的前兩句，第一組大蟒蛇就可以從位置上出發走到小動物旁，再跟著詩的內容，慢慢地把小動物

5▶ 分兩部朗讀可先由老師念主要的內容，兒童念驚嘆號語詞的部分，也可鼓勵男女生搭配，共同朗讀童詩。

6▶ 建議可以多進行幾次，讓學生熟悉童詩。

吃掉。之後，老師會訪問大蟒蛇叫什麼名字，喜歡吃什麼東西等問題。結束後，再跟著音樂的旋律回座休息。再請第二組的小朋友準備就位，重複做前面同樣的事。」

10 分組進行呈現演出。

11 呈現後的分享與討論。

「你們覺得第幾組的大蟒蛇和第幾組的大蟒蛇有什麼不同？你最喜歡哪一組的大蟒蛇？叫什麼名字？」

「記不記得他們分別吃了哪些動物？看不看得出來動物怎麼配合我們朗讀的詩，慢慢被吃下去？」

「剛才第幾組在吃動物的時候，很用力地抓扯扮演的同學，他看起來好可憐哦！下次若再玩一次，怎麼樣可以假裝的吃而不傷到小朋友？」

◆ **教學延伸** ————————————●

1 鼓勵學生設想不同的情境，創造不同的童詩，如不想被吃掉的情境：

「若是小動物不想被大蟒蛇吃掉，可以怎麼說服大蟒蛇？」

2 運用雙人或分組的方式，改變並呈現童詩內容。

第 **4** 章
聲音故事之
戲劇創作

牛媽媽生牛寶寶

教學目標	1. 增進聲音的表達能力。 2. 能創造簡單的音效。 3. 能為故事配樂。
教學準備	《牛媽媽生牛寶寶》文本。

◆ 教學流程

1 討論對於農場的概念與印象。

「你們有沒有到過農場或在電視及書本上看過？農場裡有哪些動物？」

「你們有沒有注意過動物的叫聲？」

2 引導討論「公雞、羊、小鳥、豬、馬、牛、青蛙、蟋蟀」等各種動物的叫聲。

「你們知道公雞是怎麼叫的嗎？如果公雞遇到緊急狀況時又會怎麼叫呢？」

「大家來試試看！」

「你們知道羊是怎麼叫呢？如果是一隻生氣的羊，牠的叫聲會是如何呢？」

「你們知道小鳥的叫聲是什麼樣子的嗎？」

「除了啾啾啾之外，還會怎麼叫呢？」

3 介紹控制器，並練習操作。

「現在，老師要介紹一個特殊的手勢給大家，就像你的嘴巴一樣。手開得越大，聲音就越大；開得越小，聲音就越小，然後就沒有聲音了。我們現在從1數到10，試試看聲音的大小。」

4 口述故事（請見下文「口述內容」），並運用控制器，一同呈現農場的故事。

5 分享呈現時的感覺，並提出製造音效方式的看法。

◆ 教學延伸

邀請學生一同發現不同的音效製作方式，如揉紙、敲鑼打鼓、拍打桌子、空手心拍打大腿等，並加入故事中。

◆ 教學小提醒

1▶ 若無經驗，可以先用相關繪本跟學生討論。

2▶ 本活動可與農場相關主題一起進行。

4▶ 若學生是第一次進行聲音故事，建議可稍微減少音效的數量，待學生有了第一次的經驗後，可增加音效的數量及說故事的次數。

牛媽媽生牛寶寶

◆ 口述內容 ━━━━━━━━━━━━━━━━━━━━━━━━━━━●

※原始版本由作者於任教課堂中與學生共同編創而成，目前版本則為作者改編而成。

　　阿達先生的農場裡有許多動物，每天一大早都是由公雞來叫大家起床，當然今天也不例外，可是公雞非常賣力地叫著，非常非常賣力地叫著（音效）。阿達先生卻還在床上呼呼大睡，發出打鼾的聲音（音效），阿達先生龐大的身軀睡著的那一張床，伴隨著他打呼的聲音，也發出嘎嘎的聲音（音效），跟著阿達先生的打呼聲，羊也起床了，還不悅地叫了一聲（音效）。

　　一群小鳥飛過阿達先生的床，發出啾啾的聲音（音效），阿達先生還是沒有起床，依然還在床上打呼（音效），之後，居然發現還有比阿達先生打呼的聲音更誇張的聲音呢！原來是豬圈裡的豬正在吃東西，發出好大的聲音（音效），突然一陣萬馬奔騰的聲音，原來是馬也起床了（音效），之後所有的動物也跟著都起床了。

　　突然牛欄裡發出了很大的牛叫聲（音效），原來是牛媽媽今天要生小牛了，聽到這個聲音，公雞咕咕咕地跑了過來（音效），羊也急忙地跑了過來，知道牛媽媽要生小牛了，也著急地咩咩叫著（音效），而小鳥們也飛了過來，接著一群豬跑了過來（音效），馬也狂奔了過來（音效），終於阿達先生被吵醒，他終於起床了。他先漱漱口，再刷刷牙，走出農場，看看究竟發生了什麼事，才發現原來是牛媽媽要生小牛了。阿達太太這時也走出了農場，聽到了牛的叫聲（音效），阿達太太不知道該怎麼辦才好，尖叫了起來（音效）。阿達先生請阿達太太趕緊打電話叫救護車，聽到這麼吵雜的聲音，警車急忙趕來了（音效），跟在警車後面，救護車也來了（音效），大家都非常著急，牛很痛苦地叫著，越叫越大聲，叫到聲音都沙啞了（音效），終於牛寶寶誕生了（音效），雞聽到牛生出來了，快樂地大叫了起來（音效），之後羊也知道了，牠也咩咩地大叫（音效），小鳥也大聲地叫著（音效），豬聽到了，也大聲地邊叫邊跳（音效），馬聽了，也大叫起來為牛媽媽和牛寶寶歡呼（音效），農場裡一陣陣的歡呼聲。這時警車看到大家都沒事了，也開走了，之後救護車也跟著開走了（音效）。

　　夜幕低垂，青蛙出來了，呱呱地叫著（音效），蟋蟀也出來了（音效），農場又陷入了一片寧靜，這時候只聽到阿達先生的打呼聲（音效），伴隨著那張陪著他搖晃多年的床……（音效）。

製造噪音的人

教學目標	1. 增進聲音的表達能力。 2. 能創造簡單的音效。 3. 能為故事配樂。
教學準備	製造噪音的人（Judith Caseley,1992. The Noisemakers. Greenwillow）。

◆ **教學流程** ────────────── ◆ **教學小提醒** ──────

1 回顧在家的情形，並分享自己被大人說很吵的事件。

「你們在家裡有沒有被媽媽說很吵？」

「你記不記得那時候做什麼事，被大人說很吵？」

2 引導討論在上述的事件中會發出的聲音，並試著發出這些聲音。

「剛剛你們有提出在家裡敲餐具會被說很吵，請問你們都是敲哪些餐具呢？這些餐具會發出什麼聲音呢？」

「請你們用身體試著發出這樣的聲音。」

3 介紹控制器，並練習操作。

「現在，老師要介紹一個特殊的手勢給大家，就像你的嘴巴一樣。手開得越大，聲音就越大；開得越小，聲音就越小，然後就沒有聲音了。我們現在來從1數到10，試試看聲音的大小。」

3▶ 如果學生已經熟悉控制器的操作與使用，此步驟可省略。

4 配合教師口述故事（請見下文「口述內容」），並運用控制器，一同呈現故事。

5 分享呈現時的感覺，並提出變更音效方式的看法。

◆ **教學延伸** ──────────────

1 除了重複練習外，也可以將聲音故事錄下來，讓學生欣賞自己創作的聲音故事。

2 邀請學生進行故事的改編，創作不一樣的聲音故事。

3 也可以進一步運用周邊的物件，創造廣播劇。

製造噪音的人

◆ 口述內容 ————————————————————●

※由作者參考原著內容改編而成。

哇！阿山和小美喜歡製造一堆噪音，很多的噪音。

有一天，阿山在家扮成一架飛機。他開始大聲地吼叫。「你可不可以變成一架安靜的飛機呀？」媽媽問。「不！」阿山回答。然後他又繼續吼（音效）。

有一天，小美在家扮成一隻大怪獸。她一邊張開手臂，一邊大叫（音效）。「你可不可以變成一隻安靜的怪獸啊？」她的媽媽問。「不！」小美回答。然後她又繼續吼叫。

小美在阿山家裡裝成一個小丑躲在驚奇盒裡。小美大叫：「……」（音效）阿山大叫：「……」（音效）他們一起大叫：「……」（音效）「你們可不可以當個安靜的小丑啊？」小美媽媽說。「不！」阿山和小美回答。

阿山去小美家，阿山裝成一隻牛。大聲地叫：「……」（音效）而小美就裝成一隻公雞。大聲地喊：「……」（音效）「你們可不可以裝成安靜的動物啊？」阿山媽媽問。阿山學著小貓叫：「……」（音效）小美學著小雞叫：「……」（音效）

有一天，阿山、小美和媽媽們到圖書館去。小美讀了一本與大巨人有關的書。她大叫：「……」（音效）阿山就回答：「……」（音效）「噓！」小美媽媽提醒他們。

阿山讀到一本與「鼓」有關的書。阿山模仿小鼓的聲音：「……」（音效）小美也跟著模仿大鼓的聲音：「……」（音效）「噓！」阿山媽媽又提醒他們。結果兩個人又叫得更大聲：「……」（音效）

圖書館阿姨說：「我們這裡需要安靜地讀書。」「你看吧！」小美媽媽說。「你看吧！」阿山媽媽說。小美又開始學大巨人：「……」（音效）阿山又開始學鼓聲：「……」（音效）最後，他們離開了圖書館。

他們找了一家餐廳吃飯。阿山和小美點了起士三明治。媽媽點了法國土司。小美拿起杯子和阿山乾杯。「……」（音效）「敬阿山。」「……」（音效）「敬小美。」接著，又拿起了湯匙敲來敲去。「……」（音效）然後，又拿了酸黃瓜打來打去。「敬小美。」阿山說。「敬阿山。」小美說。最後，他們又拿了三明治碰來碰去。「停！」小美媽媽說。「夠了！」阿山

製造噪音的人

媽媽說。

　　阿山又開始學飛機叫:「……」(音效)小美又開始學大怪物:「……」(音效)結果,另一桌的小姐尖叫:「我的助聽器!」

　　老闆拿了帳單來結帳,並說:「你們吵到我們的客人了。」「看吧!」小美媽媽說。「看吧!」阿山媽媽說。結果,他們又離開了餐廳。

　　媽媽帶他們去逛百貨公司。小美媽媽在試穿鞋子。阿山也在試穿鞋子。阿山說:「你看!」小美說:「你看!」阿山媽媽說:「把鞋子放回去!」小美媽媽說:「我們得走了!」

　　阿山和小美跑到走道上(音效)。「慢—慢—走!」阿山媽媽說。「用你的『走路鞋』走路!」小美媽媽說。小美學怪物叫聲:「大怪物才不會穿鞋子走路呢!」(音效)阿山學飛機的聲音。「……」(音效)「飛機也不是用走的啊!」「……」(音效)「出去!」他們的媽媽命令地說。

　　他們找到一張長椅坐下來。「對不起!」阿山媽媽說。「飛機好像不該出現在百貨公司,而怪物也不該出現在餐廳裡。」「巨人也不屬於圖書館啊!」小美媽媽也附和著。阿山問:「那他們應該去哪裡?」小美接著問:「那他們應該去哪裡?」他們的媽媽互相對望,想了一會兒。阿山媽媽說:「我們會帶你們去的。」「就離這兒不遠。」小美媽媽說。

　　他們走了一會兒,直到他們看到一個大門。他們進去了。

　　阿山變成了吊在欄杆上的大猩猩。小美變成大怪物站在溜滑梯上。他們一會兒變成秋千上的猴子,一會兒又變成山洞中的小雞。他們又叫又跳,高興地倘佯在遊戲場中。而他們覺得:「這真是太棒了。」

音樂小精靈

教學目標	1. 增進聲音的表達能力。 2. 能創造簡單的音效。 3. 能為故事配樂。
教學準備	繪本《音樂小精靈》（趙雲，1993，信誼）、鈴鼓。

◆ **教學流程**　　　　　　　　　　　　　　　　　◆ **教學小提醒**

1　閱讀繪本《音樂小精靈》。

2　全班圍坐成圈，進行傳遞聲音的遊戲，如順時針傳遞「喔、啊」等單音。

　　2▶ 除了傳遞單音，也可以傳遞雙音節，如「呀、哇」等。另，也可加以變化傳遞的方式，如越傳越大聲或越傳越小聲。

3　介紹控制器，並練習操作。
　「現在，老師要介紹一個特殊的手勢給大家，就像你的嘴巴一樣。手開得越大，聲音就越大；開得越小，聲音就越小，然後就沒有聲音了。我們現在來從1數到10，試試看聲音的大小。」

4　討論並練習「飛翔」的聲音。
　「飛翔的聲音是什麼樣的？請你用嘴巴發出來看看。」
　「越飛越快，飛高高，飛低低。」

　　4▶ 建議老師先找出繪本中不同的聲音，作為討論的要點。
　　　▶ 每位老師想要呈現的聲音可能不同，不一定依據本教案中的要點進行討論。

5　討論並依序練習「鋼琴」及「小提琴」、「在彈簧床上彈跳」與「青蛙的叫聲」等。

6　配合老師口述故事（請見下文「口述內容」），並運用控制器，一同呈現故事。

7　分享呈現時的感覺，並提出變更音效方式的看法。

　　5▶ 可將繪本製作成PPT，邊說繪本故事邊進行聲音故事。

　　6▶ 若學生對於文中樂器的聲音沒有什麼概念，建議挑選其他學生熟悉的樂器聲音練習。

　　7▶ 建議在最後分享時，先進行分組練習。如分成四組，分別是鋼琴、小提琴、跳彈簧床、青蛙叫聲等聲音，如此老師就可以扮演指揮家，指揮不同的小組發出聲音。

◆ **教學延伸**

　　此繪本故事除了可作為聲音故事外，也可加以改編作為「口述默劇」活動。

◆ 口述內容 ─────────────────────●

　　森林裡住著一個音樂小精靈，她很喜歡音樂，到處交朋友。這天，她張開美麗的翅膀，到處飛翔（音效），她悠閒地慢慢飛，往前飛，迎著風，有時飛高、有時飛低（音效）。

　　遠遠的，她看到一架鋼琴，很快地在鋼琴上翻跟斗，這邊翻……那邊翻……鋼琴也隨著跟斗飄揚出美妙的聲音（音效）。

　　呼……，翻得頭有點暈，抬頭一看，前方竟然有一把小提琴，她飛到小提琴上，先用腳在弦上試一試（音效），接著就在弦上滑動了起來，像是個溜冰高手，優美的溜冰姿勢，讓小提琴也有了優美的旋律（音效）。

　　這時候，一陣大風吹了過來，把小精靈吹到芭蕉葉上，哇～好大的一張彈簧床喔！小精靈輕輕地在上面跳了幾下（音效），軟軟的，有凹下去的感覺，真好玩，小精靈就放鬆地在彈簧床上跳動了起來，最後一下跳得好高（音效）。

　　小精靈一屁股坐在池塘邊。周圍都是她的青蛙朋友們，正在練習打鼓（音效）！小精靈馬上就加入打鼓的行列中，拍打了起來（音效）。

　　這聲音吸引了好多小精靈來聽，這時音樂小精靈靈機一動，不如就來辦個音樂會吧！現在每一個小精靈都想好自己在音樂會中要做什麼，讓我們開始演奏吧！（分組音效）

晚安，貓頭鷹

教學目標	1. 增進聲音的表達能力。 2. 能創造簡單的音效。 3. 能為故事配樂。
教學準備	《晚安，貓頭鷹》（Pat Hutchins，高明美譯，2013，阿爾發）、鈴鼓。

◆ **教學流程**　　　　　　　　　　　　　　　　◆ **教學小提醒**

1 討論並練習不同鳥類的動作。

「你看過哪些鳥？」

「還記得麻雀怎麼走路的嗎？請你站起來走看看。」

2 講述《晚安，貓頭鷹》的故事，並在過程中邀請全班一起說「貓頭鷹想睡覺呢！」。

3 介紹控制器，並練習操作。

「現在，老師要介紹一個特殊的手勢給大家，就像你的嘴巴一樣。手開得越大，聲音就越大；開得越小，聲音就越小，然後就沒有聲音了。我們現在來從1數到10，試試看聲音的大小。」

4 討論練習「蜜蜂」的聲音。

「蜜蜂都是這種聲音嗎？」

「蜜蜂通常都做些什麼事情？」

5 討論練習「松鼠」的聲音。

「啃堅果的聲音是……？動作是……？」

6 討論練習「烏鴉」的聲音。

「你見過烏鴉嗎？烏鴉通常在哪裡出現？」

「烏鴉通常會發出什麼聲音？」

「為什麼會這樣發出聲音？」

「請你想一個為什麼烏鴉呀呀叫的原因。是因為地震要來了嗎？烏雲來了嗎？」

7 討論練習「啄木鳥」的聲音。

「有聽過啄木鳥的聲音嗎？」

「啄木鳥都在做什麼？」

8 討論練習「知更鳥」的聲音。

1▶ 在暖聲音之前可以先暖暖身體。

2▶ 故事中重複出現「貓頭鷹想睡覺呢！」，可運用此重複的臺詞邀請學生念出，作為互動。

3▶ 如果學生已經熟悉控制器的操作與使用，此步驟可省略。

4▶ 除了全班一起練習蜜蜂的聲音，也可將全班分成兩大組，練習兩種不同蜜蜂的聲音。

5▶ 聲音的選擇權在於老師，建議老師在選擇聲音時，能選擇學生熟悉的聲音。

6▶ 不同的情境，聲音會有些變化，故在此稍做討論。

「知更鳥很會唱歌，是怎樣唱歌的呢？」

9　討論練習「麻雀」的聲音。

「麻雀都在做什麼？」

「請你用麻雀的聲音跟隔壁伙伴聊天。」

10　討論練習「鴿子」及「貓頭鷹」的聲音。

11　從頭說故事（請見下文「口述內容」），請全體學　　11▶　建議可依據教學時間的調
　　生配合老師的控制器，一起為故事配音。　　　　　寡，刪除部分角色，並直

12　分享呈現時的感覺，並提出變更音效方式的看法。　　接搭配繪本PPT，進行聲音
　　　　　　　　　　　　　　　　　　　　　　　　　故事即可。

◆　**教學延伸**

　　可製作不同的動物名牌，掛在學生身上，當老師
說故事時，提到身上的角色，學生就必須站起來，做
出動物的動作與發出動物的聲音。

晚安，貓頭鷹

◆ 口述內容 ─────────────────────────●

森林裡的貓頭鷹想睡覺了！

蜜蜂嗡嗡叫，嗡嗡翁（音效），嗡嗡翁（音效），貓頭鷹想睡覺呢。

松鼠啃堅果，喀喳（音效），喀喳（音效），貓頭鷹想睡覺呢。

烏鴉嘎嘎叫，嘎——（音效）嘎——（音效），貓頭鷹想睡覺呢。

啄木鳥啄樹幹，篤篤篤（音效），篤篤篤（音效），貓頭鷹想睡覺呢。

椋鳥在吵架，唧唧啾啾（音效），啾啾唧（音效），貓頭鷹想睡覺呢。

知更鳥唱著歌，嗶——（音效）嗶——（音效），貓頭鷹想睡覺呢。

麻雀吱喳吵，吱吱喳（音效），吱吱喳（音效），貓頭鷹想睡覺呢。

鴿子咕咕叫，咕——（音效）咕——（音效），貓頭鷹想睡覺呢。

蜜蜂嗡嗡叫，嗡嗡翁（音效），嗡嗡翁（音效）。

松鼠啃堅果，喀喳（音效），喀喳（音效）。

烏鴉嘎嘎叫，嘎——（音效）嘎——（音效）。

啄木鳥啄樹幹，篤篤篤（音效），篤篤篤（音效）。

椋鳥在吵架，唧唧啾啾（音效），啾啾唧（音效）。

知更鳥唱著歌，嗶——（音效）嗶——（音效）。

麻雀吱喳吵，吱吱喳（音效），吱吱喳（音效）。

鴿子咕咕叫，咕——（音效）咕——（音效）。

貓頭鷹再也睡不著了。

月亮升起，夜晚來臨。

貓頭鷹放聲大叫，呼嗚——（音效），呼嗚——（音效），

把所有的動物都吵醒了！

我們要去抓狗熊

教學目標	1. 增進聲音的表達能力。 2. 能創造簡單的音效。 3. 能為故事配樂。
教學準備	《我們要去抓狗熊》（Michael Rose，林良譯，2011，上誼文化）、鈴鼓。

◆ **教學流程** ━━━━━━━━━━━━━━━━━━━━━━ ◆ **教學小提醒** ━━━

1　說故事《我們要去抓狗熊》。

2　綜合討論抓狗熊經過的地方，如野草→河水→爛泥→樹林→風雪→山洞等。

2▶ 若無使用繪本作為輔助，建議可將經過的地方加以記錄在白板上，以便進行討論。

3　介紹控制器，並練習操作。

「現在，老師要介紹一個特殊的手勢給大家，就像你的嘴巴一樣。手開得越大，聲音就越大；開得越小，聲音就越小，然後就沒有聲音了。我們現在來從1數到10，試試看聲音的大小。」

4　——討論經過野草、河水、爛泥、樹林、風雪、山洞等地，可能發出的聲音。

「你經過草地的時候，會有什麼聲音？蛇會出現嗎？」

「河水就在前面，要涉水而過，踩水的聲音是？小心！不要滑倒。」

「好黏的泥巴，慘了，腳被黏住很難拔喔！拔出來會發出什麼聲音呢？」

「這座樹林有些暗，進去的時候要小心，裡面可能會出現哪些聲音呢？有貓頭鷹嗎？」

「又大又強的風雪，又是什麼聲音呢？風雪漸漸變小的聲音是什麼？」

「終於來到山洞，洞裡面暗暗的，噓！注意聽，洞裡面傳來什麼聲音？」

4▶ 聲音的變化會因為討論而有不同，若有時間，建議可邀請學生多練習不同情境的聲音，如在水中跳石頭的聲音或在涉水的聲音。

5　從頭說故事（請見下文「口述內容」），請全體學生配合老師的控制器，一起為故事配音。

5▶ 可即興加入摸到狗熊後的情節，如快速地回到家、關起門、蓋上棉被的聲音。

6　分享呈現時的感覺，並提出變更音效方式的看法。

我們要去抓狗熊

◆ 教學延伸 ─────────────────────────────●

可進行位移的肢體活動，並加入聲音，做一整體呈現。

◆ 口述內容 ─────────────────────────────●

※由作者參考原著內容改編而成。

我們要去捉狗熊，我們要捉一隻大大的狗熊。

天氣這麼好，沒有什麼好怕的！帶好身上的裝備，準備出發！

喔唷，前面有一堆野草，高大搖擺的野草，上面飛不過，下面鑽不過。

天呀！只好用雙手撥開草叢向前走（音效）。

我們要去捉狗熊，我們要捉一隻大大的狗熊。

天氣這麼好，沒有什麼好怕的！

喔唷，前面有一條河流，又冰又深的河水，上面飛不過，下面鑽不過。

天呀！只好捲起褲管踏入水中向前走（音效）。

我們要去捉狗熊，我們要捉一隻大大的狗熊。

天氣這麼好，沒有什麼好怕的！

喔唷，前面有一片爛泥，又深又黏的爛泥，上面飛不過，下面鑽不過。

天呀！只好脫掉鞋子踏入爛泥裡繼續向前走（音效）。

我們要去捉狗熊，我們要捉一隻大大的狗熊。

天氣這麼好，沒有什麼好怕的！

喔唷，前面有一整片樹林，好大好深的樹林，上面飛不過，下面鑽不過。

天呀！只好勇敢地大步大步向前走（音效）。

我們要去捉狗熊，我們要捉一隻大大的狗熊。

天氣這麼好，沒有什麼好怕的！

喔唷，前面有一片大風雪，又急又大的風雪，上面飛不過，下面鑽不過。

天呀！只好抓緊外套慢慢向前走（音效）。

我們要去捉狗熊，我們要捉一隻大大的狗熊。

天氣這麼好，沒有什麼好怕的！

喔唷，前面有一個好黑的山洞，又窄又黑的山洞，上面飛不過，下面鑽不過。

天呀！只好彎下腰躡手躡腳往裡走（音效）。

那是什麼？一個亮亮濕濕的鼻子，兩隻毛茸茸的大耳朵，兩隻圓圓的大眼睛。

喔！是一隻狗熊（音效）！

快！快跑回洞口（音效）！

跑回風雪中（音效）！

跑回樹林裡（音效）！

跑回爛泥地（音效）！

跑回河水裡（音效）！

跑回野草地（音效）！

跑到大門前（音效），打開門（音效），上樓梯（音效）。

天呀！我們忘了關門！再回到樓下（音效）。

關上大門（音效），回到樓上（音效），跑進臥室（音效），

爬上床（音效），躲在被子下（音效）！

我們再也不去捉狗熊了！

第 **5** 章
初級與中級
故事戲劇活動

逃家小兔

［初級課程］

故事摘要	小兔子為了獨立，想要離家出走，開始與媽媽玩起捉迷藏的遊戲。牠一會兒變成小魚、一會兒變成高山上的大石頭，再一會兒又變成了一朵小花、小鳥、小帆船、空中飛人等各式各樣不同的樣貌，來挑戰媽媽的能耐。而媽媽也跟著小兔子上山下海，以其幽默感和創意，陪著小兔子天涯海角地抓抓逃逃。最後，小兔子還是回到媽媽溫暖的懷抱中，享受天倫之樂。
教學目標	1. 探索並表現故事中人物的動作特徵。 2. 聆聽並回應故事，重現故事中的情節片段。
教學準備	《逃家小兔》（瑪格莉特・懷茲・布朗，信誼，1997）、鈴鼓、音樂。
教學時間	一堂課，40分鐘。

◆ **教學流程**

1 全班一起欣賞繪本並討論故事內容。
「小兔子從家中逃跑，牠先變成了什麼？然後又變成了什麼？」

2 討論魚的造形，全體練習各類魚的特色。
「魚都長什麼樣子？」
「拍鈴鼓時，你們就會變成一條特別的魚。」

3 討論各類魚的游動方式，分組扮演各類小魚到空間中游動。
「等一下老師會請各位小魚從自己的位置上出來游動，音樂停了後回座位。」

4 把小椅墊散放在空間中，當成水草、石洞、大樹枝等障礙物。教師入戲變成漁夫媽媽，等音樂停止時，去找沒有躲好的小魚。
「等下老師穿上圍裙就變成媽媽，音樂響起的時候，小魚出來游動；音樂停，就找一個地方躲起來，不要讓媽媽看到你。」

◆ **教學小提醒**

1▶ 討論可記錄在白板上。

2▶ 鼓勵學生創造各種特殊的魚，練習配合老師的鈴鼓。

3▶ 可配合緩慢的音樂，分組練習空間中的游動。
▶ 音樂增加氣氛，也可控制動作開始與結束的訊號。

4▶ 建議媽媽進場時，以慢動作開始，不要真的去抓小魚，而是在一旁張望，音樂停的時候，再假裝到空間中找小魚。

逃家小兔

5 重複步驟2至4，挑選故事中1到2個角色和情節，如「小鳥」或「空中飛人」進行互動。

6 教師入戲成為媽媽，學生變成兔子的朋友。媽媽找不到小兔子很擔心，請小兔子們提供建議要去哪裡找小兔子？

▶ 建議老師可邊配合學生的動作，邊以媽媽的角色與學生進行簡單的互動。

◆ 教學延伸

回到座位上，聆聽音樂靜心。

「小兔子躺在地上靜靜聽著音樂，想想這趟逃家的旅行，變成魚、小鳥、空中飛人，小兔子累了，躺在媽媽懷裡覺得很幸福！」

▶ 跟學生一起回顧小兔子的旅行和感受。
▶ 可邀請學生透過繪畫，將活動過程記錄下來。

5 猴子與小販

［初級課程］

故事摘要	賣帽子的小販出門一整天，帽子都賣不出去。在他回家的路上穿越森林，覺得累了就在大樹下睡著了。沒想到樹上一群好奇的猴子，把小販的帽子給偷走。小販一覺醒來，發現帽子不見了，生氣地比手畫腳，怒罵猴群，沒想到猴群們也模仿他的動作。最後，小販生氣地將帽子往地上丟，猴子也跟著丟，賣帽人趕緊撿回帽子，離開森林。
教學目標	1. 探索並表現故事中的人物外形與行動特色。 2. 聆聽並回應故事，重現故事中的片段情節。
教學準備	《賣帽子》（Esphyr Slobodkina，上誼，1940）、鈴鼓、音樂、各式不同類型的帽子，如草帽、斗笠、棒球帽、警帽等。
教學時間	一堂課，40分鐘。

◆ 教學流程 ━━━━━━━━━━━━━━━━━━━━━━●　◆ 教學小提醒 ━━━━━

1 用繪本講述故事，抑或以「小販」的身分自述故事後，進行討論。
「賣帽子的人發生了什麼事？」
「那些猴子做了什麼事？」

1▶ 用第一人稱，扮演賣帽子的人一邊口述故事，一邊引導活動。若有時間且學生熟悉這個故事，也可請學生扮演賣帽人的角色。

2 展示不同的帽子，與學生討論戴上帽子後可能有的動作，如棒球帽打球、斗笠耕種。

3 邀請自願者戴上一種帽子，並依據帽子的特性做出專屬帽子的定格動作，個別示範後，請全班一起做出人物的定格動作。

4 討論戴上帽子後人物的行動，要學生戴上帽子（棒球帽、斗笠、草帽、警帽等），表現各種人物的連續動作。

5 老師扮演賣帽子的人，全體學生扮演猴子，模仿賣帽人的動作，就像鏡子一樣。

5▶ 參考《兒童戲劇教育：肢體與聲音口語的創意表現》中的鏡子活動。

猴子與小販

6 教師入戲扮演賣帽子的人，假裝睡覺，請學生四人 一組變成猴子拿起帽子做動作，當老師醒來，猴子 開始模仿老師的動作，最後把帽子丟在地上，賣帽 人撿回帽子後，高興地離開。

7 分享在進行戲劇活動中，喜歡的片段或最需要動腦 的片段，如猴子模仿賣帽人中最有趣的動作。

6 ▶ 此分組活動，主要串連步 驟3至5之綜合練習。

忙碌的週末

［初級課程］

故事摘要	小女孩很喜歡過週末，因為這一天全家人都能聚在一起。週末時，小女孩最喜歡幫媽媽做家事，但每次總是越幫越忙，把事情弄得亂七八糟，讓媽媽大發雷霆。後來媽媽才知道，小女孩打翻的牛奶和餅乾，原來是要端給媽媽吃的，媽媽因此覺得很不好意思。
教學目標	1. 聆聽並回應故事，重現故事中片段的經驗、場景及人物。 2. 體會故事主角的經歷。
教學準備	《忙碌的週末》（愛麗絲爾・德茉尼門，英文漢聲，2015）、鈴鼓、音樂。
教學時間	一堂課，40分鐘。

◆ **教學流程**

◆ **教學小提醒**

1 全班一起欣賞繪本並討論故事內容。
「小女孩幫忙做什麼？結果有幫到忙嗎？」

2 討論在家中會做的家事，並邀請幾位學生示範做出動作。

2▶ 建議圍成圈進行活動，比較能夠看到示範的動作。

3 全體分別想出三項家事並依序做出默劇動作，如擦桌子、拖地等。
「當我拍一下時，請你開始做一種家事，拍兩下鈴鼓的時候請你定格。再拍一下鈴鼓時，請換另一種家事。」（以此類推）

3▶ 參考第二章中「**三項默劇**」之說明，必須確認學生記住不同的動作，並能夠依序做出來。若學生沒有經驗，也可只做一項或兩項默劇動作。

4 回顧故事中的片段情節，選定幾個重要家事片段，讓全體學生分別做一些練習。

5 老師將前述討論，以口述的方式請學生做出故事中的默劇動作，如做飯、洗碗、貼壁紙、拔貓咪的毛等。

5▶ 老師也可以扮演媽媽，邊口述邊引導學生做出動作。

6 邀請學生躺在地上，配合緩慢的音樂回想本次活動的內容。

忙碌的週末

「想想今天真是忙碌的一天，大家都累了，躺在乾淨的
　地板上，心情真輕鬆！」

◆　**教學延伸** ────────────●

討論做家事可能會有的聲音，如洗碗、吸地板等。
前項討論的聲音稍微串起，透過口述，請學生配合
做出音效。

「當我說故事的時候，請你配合我手的動作，發出聲
　音。」

「我的手張得越大，聲音越大，我的手張得越小，聲音
　就會越來越小，最後合起來的時候，聲音就停止
　了。」

▶ 操作方式可參考本書「第
　四章聲音故事」。

阿羅有枝彩色筆

[初級課程]

故事摘要	頂著一個小光頭、身穿連身睡袍，阿羅常常帶著彩色筆一起去散步，他讓想像力當作導遊，彩色筆當工具，阿羅從來不管別人怎麼想，以他自己的邏輯，小心翼翼為自己畫下每一步路，就算不小心畫出了什麼麻煩，也自有解決的辦法。栽進大海裡了怎麼辦？那就畫一艘船救自己；迷了路怎麼辦？畫一個警察讓他告訴自己回家的路，問題就解決了。阿羅總是能靠著自己的聰明機智，找到回家的路，在他的世界裡，沒有不可能的事！
教學目標	1. 探討故事人物面對困難的心理反應，並嘗試將之表現出來。 2. 重述故事的開始、中間與結束的流程。
教學準備	《阿羅有枝彩色筆》（克拉格特‧強森，上誼，2003）、鈴鼓。
教學時間	一堂課，40分鐘。

◆ **教學流程** ────────────● ◆ **教學小提醒** ─────────●

1 分享阿羅的故事：

「故事中的主角叫什麼名字？」

「他有一件特別的寶貝是什麼？哪裡特別？」

「如果你有這樣的寶貝會把它藏在哪？」

2 引導嘗試穿越野地的方式和可能遇到的事。

「阿羅走小路，路很窄要怎麼穿過雜草？」

「野地有什麼？可能會有什麼動物出現？」

3 引導探索阿羅掉到大海又上船後，可以做的事。

「有沒有坐過船？」

「在船上可以做什麼事？」

「想三件事，老師數完一、二、三就做出來」。

4 引導探索在海上遇到不同風浪的心理反應。

「遇到海上風浪大時，阿羅會有什麼反應？」

5 引導探索從山頂掉落的片段情節。

「爬到山頂上，他有沒有看到他家呢？」

「結果呢？」「怎麼做出向下落的樣子？」

2▶ 可將全班學生分成五組，並於地板上貼五條地線，請同組的學生站在固定的一條地線旁，依據老師指令，每次一組一人，以自己穿越野地的方式，沿著地線前進。

4▶ 可以分組進行此項活動，以利彼此觀察。

阿羅有枝彩色筆

（倒數5，讓學生練習「落下」。）

「阿羅想了什麼方法救自己？」

6 阿羅最後有沒有找到家呢？如果你是阿羅，會怎麼找到自己的房間？

7 老師以口述默劇的方式，將上述討論過的故事重點串連起來，引導學生以默劇動作展現故事（可參考下文「口述內容」）。

8 進行活動後，讓學生說出自己的感受。

7▶ 活動進行前，需決定開始與結束位置、可移動的空間及其它默契的建立，如開始與結束的訊號。

◆ 口述內容

※由作者參考原著內容改編而成。

　　阿羅躺在床上翻來翻去睡不著，於是他爬起來，穿上外套，偷偷地把彩色來放到口袋，出去走一走。他打開窗戶，爬上窗臺，發覺沒有月亮，於是拿出彩色筆，畫了一個月亮，跳下窗臺，出發散步去了。

　　他向前走了幾步，覺得沒意思，於是向一旁走上野地的小路，路上雜草好高，他必須把腳高舉才跨得過去。小心！雜草中好像有什麼動物，快點走過去。路愈來愈窄了，必須側著身體才能走過去。終於，走出小路了！

　　阿羅肚子好餓，於是他畫了一棵蘋果樹。阿羅摘了一顆蘋果，聞一聞好香，正準備大吃一口。忽然，正前方來了一條可怕的龍。阿羅瞪大了眼睛，雙腳發軟，他不敢驚動那條龍，只得慢慢地，一步一步地向後退……向後退……拿著彩色筆的手也抖個不停……

　　啊！糟了！阿羅一頭栽進了大海裡。他很快地爬上一條小船，坐上船後，他開始做一件自己喜歡的事，有的阿羅在……有的在……（描述學生的動作）。海上風浪飄蕩，先是小浪搖呀搖呀，然後是大浪晃呀晃呀，整艘船忽上忽下，很不穩，還好一會兒陸地就出現了。

　　阿羅走到一座山腳下停下來，發覺這座山很高，幾乎看不到頂，他深呼一口氣準備爬山，阿羅一直向上爬，爬得好高好高，空氣愈來愈稀薄，呼吸好困難，頭有點痛，快爬不動了……終於，爬到了山頂。他正要向山的那邊探望，卻發覺自己從高空一直往下掉（教師可倒數5、4、3、2、1），他趕緊弄了個氣球，用手牢牢抓住，又在氣球下裝了個籃子，站在裡面向下看，哇！好多的房子，就是沒有自己的家！慢慢地，氣球降落，阿羅從裡面跳了出來。

　　阿羅拉著疲倦的身體，和月亮一起向前走。他很想回家大睡一覺，突然阿羅想起來了！他走到月亮下，踮起腳尖，用手上的彩色筆把天上的月亮框起來，再跳下窗臺，走回床邊。他爬上床，蓋上了被子，睡著了。

三隻比利羊

［中級課程］

故事摘要	有三隻都叫「嘎啦嘎啦」的山羊，想到山上的草原大吃一頓。但是，山谷間有一座橋，橋下住著一隻可怕的大妖怪，要到山頂，非跨過這座橋不可。「小山羊」和「中山羊」過橋時，都對想把牠們吞下肚的妖怪說：再過不久，有一隻更大的山羊會來。於是，大妖怪便放走了牠們。最後「大山羊」來了，牠以強悍無比的氣勢，將大妖怪打得落花流水。然後，和另外兩隻山羊在草原上吃得飽飽的！
教學目標	1. 了解戲劇或故事中的主要議題。 2. 探索人物的外形、特色及人物間的衝突關係。 3. 探究現實生活或幻想情境中，各種人物的心理、情緒與社會關係的特質，並嘗試將之表達出來。 4. 在戲劇互動中，即興發展兩人或三人的對話。
教學準備	《三隻山羊嘎啦嘎啦》（瑪夏・布朗，遠流，1996）、鈴鼓、長桌子或電光膠帶、漁夫帽（扮演山羊村長）。
教學時間	每堂40分鐘，共2堂課。

三隻比利羊 I

教學目標	1. 了解戲劇或故事中的主要議題。 2. 探索人物的外形、特色及人物間的衝突關係。
教學準備	鈴鼓、長桌子或電光膠帶。

◆ **教學流程**

1 全班一起欣賞繪本並複習故事情節。

「三隻比利羊為什麼要到橋那頭？」

「牠們在路上發生了什麼事？」

「小比利羊如何通關的？」

2 針對「大妖怪」進行討論，包含外表、住的地方、吃的東西等。

「你們覺得大妖怪長什麼樣子？」

「大妖怪住在哪裡？」

「平常都吃些什麼東西？」

3 兩人一組，一人擔任雕塑師，一人扮演黏土被雕塑成大妖怪的樣子。

「剛剛我們討論了很多大妖怪的樣子，現在要請你把大妖怪雕塑出來。」

「別忘了，在雕塑的時候，妖怪的手指頭、腳指頭，還有臉部的表情都可以有變化。」

「你們覺得妖怪有沒有牙齒，做出來吧！」

「這個妖怪在做什麼？會有什麼樣的動作呢？」

4 討論大羊、中羊、小羊的動作、長相與講話的聲音，全體同時輪流定格成為大羊、中羊及小羊。

「剛剛討論了這麼多，現在數到3，請你們通通變成大羊。」

「大羊你在做什麼？」

「數到3，你會變成中羊。」

「請問你發生了什麼事情？腳怎麼抬這麼高？」

◆ **教學小提醒**

1▶ 也可以運用「故事棒」的方式，邊說故事邊請學生演出來。「故事棒」之操作方式可參見本書P.41。

2▶ 討論時，建議可以將討論的內容記錄在白板上。

3▶ 雕塑時，可以運用前面的討論，引導學生雕塑出動作更豐富的大妖怪。

▶ 由於臉部的表情在雕塑時容易引發糾紛，建議可以跟學生討論如何雕塑表情，如雕塑師做表情給黏土看，黏土自己做出表情即可。

▶ 步驟3可配合輕快的音樂進行，過程中，老師可以適時運用訪問策略，了解個別學生的動作與所做的事情，也可以運用思想軌跡，請學生在角色內說一句話。

5 請全體學生運用肢體動作，設定大羊、中羊或小羊的角色，以不同動作方式過橋。

「請你先想一下，你想要扮演哪隻羊。」

「一次只有一隻羊可以過去，過去的時候請小心，不要掉下橋了喔！」

「想一想，除了剛剛過橋的動作，還有哪些過橋的動作？」

5▶ 可以運用電光膠帶在地上貼地線，假裝是橋的地點。

▶ 可要求學生做出不同的動作。

三隻比利羊 2

教學目標	1. 探究現實生活或幻想情境中，各種人物的心理、情緒與社會關係的特質，並嘗試將之表達出來。 2. 在戲劇互動中，即興發展兩人或三人的對話。
教學準備	鈴鼓、漁夫帽（用於扮演山羊村長）。

◆ **教學流程** ━━━━━━━━━━━━━━━━ ◆ **教學小提醒** ━━━━━━

1 說明大妖怪在山羊村中已經造成很大的困擾，大家都不敢去橋的另一邊找食物，再這樣下去將面臨斷糧的危機，需要大家開會討論如何應對這個問題。

2 教師入戲扮演山羊村的村長，召集村民開會，學生扮演山羊村民，引導討論如何對抗大妖怪。

「各位村民，現在我們村子快要沒有食物可以吃了，再這樣下去我們山羊村就會沒了。」

「今天是要請各位聰明的山羊們想一想，要怎麼面對大妖怪，你們有什麼好辦法嗎？」

「你覺得唱歌給大妖怪聽，大妖怪就會放過我們嗎？」

「這個方法好像可行或許我們可以試試！」

3 將學生分成數組，每組決定一個對抗大妖怪的方法後，做出動作。由教師入戲當大妖怪，以巡迴戲劇的方式，到各組與學生互動。

「你怎麼知道我最喜歡聽歌了，最近我都沒有辦法好好睡覺，這歌讓我好想睡覺喔！」

「跟我拜託！沒用，我要吃掉你們。」

4 綜合討論各組對抗大妖怪的方法是否成功，並進一步討論其他策略。

2 ▶ 山羊村長可加以裝扮，如拐杖或戴上漁夫帽。
▶ 村長可以邊討論邊將討論內容記錄在白板上。
▶ 開會中，建議村長可以適時提出一些建議，讓學生的想法具體化。

3 ▶ 老師在巡迴戲劇的互動時，需注意安全，並事先提醒此活動是假裝的，大家不能真的傷害大妖怪。
▶ 建議在互動時，適時讓學生的計策成功。

三隻小豬

［中級課程］

故事摘要	森林裡，住著一位豬媽媽和牠的三隻可愛的小豬。日子一天天過去，小豬都長大了。豬媽媽認為大家都應該獨立生活了，所以要小豬們出去蓋自己未來要住的房子。豬大哥扛了一些茅草，草草地搭建了一座茅草屋。豬二哥則是簡單地蓋了一間木頭屋，豬小弟最認真，努力地蓋了一間堅固的磚頭屋。有一天來了一隻大野狼。豬大哥驚慌地躲進了牠的稻草屋，但大野狼狠狠吹了口氣就把稻草屋吹倒了。豬大哥只好拔腿就跑，躲到豬二哥家逃命。但大野狼一樣輕易地推倒了房子。大哥和二哥只好一起躲到豬小弟的家，到底牠們能不能躲過大野狼的攻擊呢？
教學目標	1. 重述故事的開始、中間與結束的流程，並探討人物關係。 2. 探究故事中人物的外形或動作特徵，並嘗試將之表達出來。 3. 呈現故事的高潮與結尾，探討如何解決故事中的問題。 4. 在戲劇互動中，即興發展兩人或三人的對話。
教學準備	鈴鼓、音樂、魔法棒、圍裙（用於扮演媽媽）、野狼耳朵（用於扮演野狼）。
教學時間	每堂40分鐘，共2堂課。

三隻小豬 I

教學目標 | 1. 重述故事的開始、中間與結束的流程，探討人物關係。
2. 探究故事中人物的外形或動作特徵，並嘗試將之表達出來。

教學準備 | 鈴鼓、魔法棒。

◆ 教學流程

1 運用故事棒回顧三隻小豬的故事。

「從前，森林裡住著三隻小豬：豬大哥、豬二哥和豬小弟。老大和老二都很懶惰，每天只會玩耍、睡覺；老三雖然很勤勞，可是都被哥哥們叫去做家事。」

「一天豬媽媽找了三隻小豬，告訴牠們：『你們長大了，房子太小，該到森林蓋自己的房子了。』」

「豬大哥走到森林裡（邀請五位自願學生到中間即興扮演），在地上撿起一堆茅草，牠就把茅草堆一堆，開始蓋房子。」

「豬二哥……」

2 引導討論並表現小豬們不同個性和動作。

「剛剛豬媽媽說了什麼？豬大哥長什麼樣子？」

「牠平常都在做什麼事？」（做做看）

「二哥呢？」

「豬小弟呢？」

3 全班圍成圈，分別討論茅草屋、木屋及磚塊屋的形狀及建構方法，請幾位出來示範。

「茅草屋的形狀長什麼樣子？」（白板）

「除了茅草，還有哪些東西？房子裡呢？」

「可以請你來做做看屋裡的床嗎？」

4 將全班分成三組，每組運用身體建構出茅草屋、木屋及磚塊屋。

「豬大哥的茅草屋裡面會有什麼？豬二哥的木屋呢？那如果你是豬小弟，在磚塊屋中會想放什麼東西？」

◆ 教學小提醒

1▶ 對於此類家喻戶曉的故事，可不使用繪本，改採故事棒的策略介紹故事。

▶ 故事棒的控制器可自由選擇不同的道具，如魔法棒、撞鐘或鈴鼓等。

▶ 「故事棒」之操作方式可參見本書P.41。

3▶ 可以先在團體中，帶著學生進行空間建構活動，待學生有概念後，再到分組活動中練習。

4▶ 分組活動時，老師需進入小組中隨時給予協助或建議。

「每個屋子除了外表特徵外，也可以在屋子內加你們喜
歡的家具或剛剛討論的東西喔！」

5　分享茅草屋、木屋及磚塊屋的成果，並邀請自願者
　　到其他組的屋內使用看看。

＊＊　若學生沒有空間建構和小組合作的經驗，可以省略步
　　驟4和步驟5等最後分組的活動。

5▶　儘量邀請比較溫和的學生
　　進屋子操作，以免造成肢
　　體衝突。

三隻小豬 2

<table>
<tr><td>教學目標</td><td>1. 呈現故事的高潮與結尾，探討如何解決故事中的問題。
2. 在戲劇互動中，即興發展兩人或三人的對話。</td></tr>
<tr><td>教學準備</td><td>鈴鼓、音樂、圍裙（用於扮演媽媽）、野狼耳朵（用於扮演野狼）。</td></tr>
</table>

◆ **教學流程** ━━━━━━━━━━━━━●　◆ **教學小提醒** ━━━━━━●

1 延續前一堂課的分組，進一步討論大野狼來了，將屋子吹倒的畫面，並用一張照片呈現出來。

2 分享茅草屋、木屋倒塌的畫面。

3 教師入戲扮演豬媽媽，學生扮演三隻小豬，進行會議討論，若大野狼來到磚塊屋，該如何應付。

「不好了，小豬們的房子都被大野狼吹倒了，只剩下磚塊屋，大野狼可能明天就會來磚塊屋找我們，我們要怎麼對付大野狼？」

「這個方法好嗎？如果大野狼生氣怎麼辦？」

「我們要去哪裡找對付大野狼的大鍋子？」

3 ▶ 討論的方法可能有很多，老師可以跟學生沙盤推演，看看哪些方法可行與不可行，最後跟學生一起決定一個方法作為之後活動的內容。

4 延續之前的組別，請各組用身體做出茅草屋、木屋及磚塊屋。而磚塊屋的組員，除了可以扮演磚塊屋的零件，還可以扮演對付大野狼的物件。

4 ▶ 因為之前有練習的經驗，在此就不需要花過多的時間討論。

5 教師入戲扮演大野狼，輪流至茅草屋、木屋，吹倒屋子後，到磚塊屋時因為吹不倒房子，用盡各種方法進屋，最後配合步驟3的會議結果，被小豬們成功打敗。

「哈哈哈，我最喜歡吃小豬了，看我的！」

「奇怪，這屋子怎麼吹都吹不倒，看樣子，只能找洞鑽進去了。」

6 綜合分享進行三隻小豬活動的感覺與想法，若有時間，可以進行第二次的三隻小豬。

老鼠娶親

［中級課程］

故事摘要	有一對老鼠夫妻只生了一個女兒，從小就將她捧在掌心裡，當她到了適婚年齡後，他們想著要把她嫁給世界上最偉大的人。但到底誰才是世界上最偉大的人呢？起初，他們認為照耀大地的太陽是最偉大的人，但太陽認為烏雲一來他自己就會被遮住，所以烏雲比較厲害。於是老鼠夫妻就去找了烏雲，不過烏雲卻說風比較厲害，因為只要風一來他就被吹跑了，老鼠夫妻想了想，覺得挺有道理的，他們便去找風，風卻說牆才是最了不起的，因為牆能把他擋住。老鼠夫婦為了女兒的終生幸福，只好又風塵僕僕地跑去找牆。牆卻告訴他們自己最怕老鼠了。這時老鼠夫妻才恍然大悟，於是即刻回家，選了一個青年才俊的老鼠做女婿，把寶貝女兒嫁了過去，從此過著幸福的生活。
教學目標	1. 探究現實生活或幻想情境中，各種人物、動物的外形或動作特徵，並嘗試將之表達出來。 2. 重述故事的開始、中間與結束的流程，並了解人物關係或衝突元素。 3. 了解戲劇或故事中的主要議題。
教學準備	《老鼠娶新娘》（張玲玲，遠流，1992）、鈴鼓、帽子（用於扮演老鼠爸爸）、音樂。
教學時間	每堂40分鐘，共2堂課。

老鼠娶親 1

教學目標	1. 探究現實生活或幻想情境中，各種人物的心理、情緒與社會關係的特質，並嘗試將之表達出來。 2. 了解戲劇或故事中的主要議題。
教學準備	鈴鼓、帽子（用於扮演老鼠爸爸）。

◆ **教學流程**　　　　　　　　　　　　　　　◆ **教學小提醒**

1 欣賞繪本並討論故事情節。
　「小老鼠夫婦先去找誰當女婿？」
　「烏雲有什麼厲害的本領？」
　「牆真的什麼都不怕嗎？」

2 教師入戲扮演老鼠爸爸，說明自己的困擾，希望可以把女兒嫁給世界上最厲害的人。
　「你們知道吧！我們老鼠最怕貓，每次都要躲他，到底在這世界上有誰很厲害，可以保護我們老鼠一族不被貓捉呢？」
　「你們覺得有誰很厲害？」

3 討論與練習「太陽」的動作，並做出展示太陽強壯的定格動作。
　「太陽強壯嗎？」
　「怎麼樣做，才能顯出他很強壯？」

4 教師入戲變成老鼠爸爸，全體同學扮演太陽，即興對話，想辦法說服老鼠爸爸，太陽很厲害的地方。

5 討論與練習「烏雲」的動作，以及烏雲的移動方式和特質。
　「烏雲怎麼移動的？」
　「怎麼把太陽遮住？」
　「當我從1數到10，請你變成烏雲，慢慢地遮住太陽。」
　「除了遮住太陽外，烏雲還有什麼厲害的地方？」

6 教師入戲變成老鼠爸爸，全體同學扮演烏雲，即興對話，想辦法說服老鼠爸爸，烏雲很厲害的地方。

1▶ 可邊討論邊將人物間的關係畫下來，更清楚故事邏輯與流程。

2▶ 透過入戲再次回顧故事。
　▶ 老鼠爸爸可戴上帽子作為象徵。

3▶ 若學生年紀偏小，聚焦討論太陽散發光芒的形象即可。

5▶ 在數1到10的過程中，可以放慢速度，讓烏雲移動速度變慢，使動作能更多元化。

老鼠娶親 2

教學目標	1. 探究現實生活或幻想情境中，各種人物、動物的外形或動作特徵，並嘗試將之表達出來。 2. 重述故事的開始、中間與結束的流程，並了解人物關係或衝突元素。 3. 了解戲劇或故事中的主要議題。
教學準備	鈴鼓、帽子（用於扮演老鼠爸爸）、音樂。

◆ 教學流程

1 討論練習「風」的動作，並將烏雲吹走。
「風是什麼形狀？」
「請你們兩兩一組，一人當泥巴、一人當雕塑師，當老師放音樂的時候，雕塑師開始將泥巴雕成風。」
「當我摸到你，請風開始吹。」

2 討論練習「牆」的機械性動作，並練習牆被老鼠挖洞的動作。
「牆應該長什麼樣子？要怎麼樣的牆才能擋住風？」
「請一個接一個到教室中間，慢慢組合成一道牆。」
「牆真的什麼都不怕嗎？老鼠來了，牆開始搖晃了。」

3 全班圍成一圈，依據出現的角色分成四組，分別為「太陽」、「烏雲」、「風」及「牆」四角色，小組討論並運用肢體組合一個角色，如第一組太陽、第二組風等。

4 分享小組成果，並進一步討論，當老鼠爸爸來拜訪的時候，會如何回答。

5 教師入戲扮演老鼠爸爸，輪流到太陽、烏雲、風及牆的面前互動。
「當我還沒到太陽面前，請太陽先定格不動，等到了太陽面前，太陽才能做動作。」
「老師離開你面前，你就可以蹲下休息，觀察其他組的表演！」

6 綜合討論與分享戲劇扮演活動的感覺，並嘗試由學生扮演老鼠爸爸，再進行一次。

◆ 教學小提醒

1 ▶ 可跟學生進一步討論風吹的出口在哪裡，讓學生發揮創意。
▶ 兩兩一組進行時，可交換角色，若無時間，則無須交換。

2 ▶ 零件總動員是一個接續的概念，在進行的時候，建議強調彼此間肢體必須有接觸的點，不然就會變成散開的機器。
▶ 老師可以扮演老鼠，假裝進入搭建牆的過程中，讓牆壁有真實感。

3 ▶ 如果小組人數太多，可分成八組，兩組太陽、兩組烏雲等。

5 ▶ 四組進行巡迴戲劇時，空間的安排可以圓圈的方式進行，如此各組都可以看到彼此的分享內容。

你看起來好像很好吃

[中級課程]

故事摘要

　　在一個火山爆發、天搖地動的時刻，小甲龍誕生了。但是牠沒見到自己的爸媽，反而誤把第一眼看到的暴龍認定為自己的爸爸。原來打算吃掉小甲龍的暴龍，受到可愛的甲龍寶寶感化，把牠當成自己的孩子照顧，還教牠保護自己的方法。小甲龍漸漸長大，暴龍爸爸也希望牠能回到親生父母的身邊，可是小甲龍卻認定暴龍就是自己的爸爸，最終小甲龍到底會做什麼樣的決定呢？

教學目標

1. 探究故事情境的特色，並嘗試將之表達出來。
2. 運用多樣的人聲、動作或樂器等，製造故事情境的戲劇氣氛。
3. 探究故事人物的心理與衝突關係。
4. 在戲劇互動中，即興發展兩人或三人的對話。
5. 了解戲劇或故事中的主要議題。

教學準備

《你看起來好像很好吃》（宮西達也，三之三，2005）、鈴鼓、音樂、尋人啟事海報。

教學時間

每堂40分鐘，共2堂課。

你看起來好像很好吃 I

教學目標	1. 探究故事情境的特色，並嘗試將之表達出來。 2. 運用多樣的人聲、動作或樂器等，製造故事情境的戲劇氣氛。
教學準備	鈴鼓。

◆ **教學流程** ——————————————— ◆ **教學小提醒** ———————

1 全班一起欣賞繪本並討論故事內容。

「故事中的小恐龍叫什麼名字？」

「牠出生在什麼地點？」

2 個人運用身體部位做出不同的三個形狀。

「要怎樣讓自己變成一個三角形？」

3 兩人一組，練習以身體共同組合成一個三角形，最後嘗試創造出一個火山造形。   **3▶** 若是學生沒有兩人一組的經驗，可以直接以個人自行創造的方式完成火山的造形與爆發時的默劇動作（步驟3和步驟4）。

「兩個人可以怎麼組合成一個三角形？」

「如果你們是一個火山要怎麼組合起來？」

4 從1數到10，雙人組慢慢做出火山爆發的樣子，最後停在爆發後的狀態並加上聲音。

「當我從1數到10的時候，請火山慢慢地爆發，記得要慢慢的喔！然後，數到10就要完全爆發且停止動作。」

5 引導討論小甲龍從蛋裡準備出生的樣子。

「甲龍寶寶是從哪裡出生的？」

「蛋會是什麼樣子？試試看。」

「火山爆發時，蛋會怎麼滾？試試看。」

「如果蛋殼很厚，甲龍寶寶會怎麼從蛋裡鑽出來呢？」

「身體哪個部位先鑽出來？」

「請大家變成蛋裡的小甲龍，老師等一下會從1數到10，請你們慢慢地從蛋裡面鑽出來。」

6 引導討論小甲龍出生後可能做的事，以數到5默劇的方式，邀請學生試著表現這些動作。

「小甲龍出生了，牠會做哪些事情？」

「從1數到5，請你們做做看小甲龍可能會做的事。」

（如睡覺、吃東西、爬行及玩耍等）

「當我再一次數到5的時候，請做出小甲龍會做的第二件
　　事情。

7　綜合分享今日活動，討論印象最深刻的部分。

◆　延伸活動 ─────────────────────

以聲音故事加上口述默劇的方式來呈現故事的開始
。全班圍成圈，邀請五位自願者到中間扮演甲龍寶
寶蛋，由老師口述故事，請其他圈上的學生協助配
音。
「在很久很久以前，一個晴朗的日子，火山先是冒出了
　　小火花（音效），火山繼續噴火（音效），最後火山
　　爆發了（音效）。」
「甲龍寶寶蛋抖了起來，大地搖來搖去（音效），甲龍
　　蛋滾來滾去，就在這時候蛋殼裂開了（音效）。甲龍
　　寶寶探出頭、伸出手，然後身體慢慢爬出蛋殼。」

◆　教學小提醒 ──────

▶ 操作方式可參考本書「第
　二章第一節與第三節」。
▶ 若時間充裕，可以持續進
　行此步驟，以口述搭配聲
　音音效的方式，對故事前
　半段進行綜合呈現。

你看起來好像很好吃 2

教學目標	1. 探究故事人物的心理與衝突關係。 2. 在戲劇互動中，即興發展兩人或三人的對話。 3. 了解戲劇或故事中的主要議題。
教學準備	鈴鼓、音樂、尋人啟事海報。

◆ 教學流程　　　　　　　　　　◆ 教學小提醒

1 回顧上節課，繼續故事中段的探索。

「小甲龍出生後，發生了些什麼事？」

「小甲龍沒有看到自己的爸爸媽媽，牠覺得怎麼樣？如
果是你，有什麼感覺？」

「後來牠遇到誰？發生什麼事？」

2 討論小甲龍面臨別的威脅時，如何說服敵人不要吃
掉自己。

「暴龍出現時，小甲龍跟牠說什麼才不會被吃掉？」

3 教師入戲變成暴龍，說明將與扮演小甲龍的學生們　　**3▶** 在說服的過程中，老師可
互動，要說服暴龍不要吃掉他們。　　　　　　　　　　　以提出一些問題，讓學生

「我從門邊進來後，伸起雙背就變成暴龍，會說：『嘿　　　思考可行性或較為實際的
嘿嘿！你看起來很好吃！』」　　　　　　　　　　　　　層面。

「你們可以想一想，要怎麼跟我說，請我不要把你們吃
掉？」（自由回應）

4 引導討論暴龍爸爸和小甲龍一起做的事，如練功夫
、撞樹、吃果子等。

「暴龍跟小甲龍在一起時都會做哪些事？」

5 教師入戲當暴龍（主人），學生當小甲龍，進行鏡　　**5▶** 建議可以搭配音樂做動
子遊戲，模仿暴龍的動作。　　　　　　　　　　　　　　作。

「等一下我會變成暴龍，你們就是小甲龍，我們要像鏡　　**▶** 儘量引出不同的想法，才
子一樣，做出一樣的動作。不要忘了，我的動作變　　　　能順利地進行下一個步
慢，你們的動作也要變慢！」　　　　　　　　　　　　　驟。

6 以尋人啟事海報告訴學生甲龍媽媽正著急地尋找小
甲龍，希望大家能幫忙。

你看起來好像很好吃 2

「火山爆發的時候，我的蛋不知道滾到哪裡去了，之後
我到處找我的寶貝，到現在還是沒有找到！我和爸爸
都很想念牠，不知道現在變成什麼樣子。如果有人看
到我的小甲龍，請盡快跟我說。」

7 教師運用「觀點與角度」的方式，與學生討論小甲
龍是否要回到甲龍媽媽的身邊。

「小甲龍的爸爸媽媽在找牠，怎麼辦？暴龍要送小甲龍
回去嗎？」

「可是暴龍也很愛牠啊！牠也不認識牠的爸爸媽媽。」

「現在教室的地板上有一條線，一頭是你覺得小甲龍要
和甲龍媽媽回去，另一頭是小甲龍應該留在暴龍身
邊，如果你覺得兩個都要，請你站在中間。」

8 綜合分享今日活動，並進一步討論小甲龍與暴龍的
個別心情。

6▶ 教師應事先將尋人啟事內
容寫在海報上，當成信件
念給大家聽。

7▶「觀點與角度」之操作方
式可參考本書P.48。

第 6 章
高級故事
戲劇活動

老鞋匠與小精靈
（助人為善）
［高級課程］

故事摘要	從前有個老鞋匠，他手藝精湛且心地善良，經常為窮人家免費補鞋，久而久之，大家都會請他幫忙免費修鞋，這樣一來他的收入就越來越少。鞋匠的妻子雖然覺得生活過得很辛苦，可是卻一直支持著他。在一個寒冷的冬天，老鞋匠的妻子生病了，鞋匠看著店裡剩下的一點牛皮，決定要做一雙鞋子，賣錢給妻子治病。隔天早上，正當鞋匠起來準備要開始做鞋子時，發現皮革竟變成一雙漂亮的鞋子擺在櫥窗裡。鞋匠將它賣了個好價錢，並用這些錢買了更多皮革，打算再來做鞋子。隔天當他起來要準備做鞋子時，又發現鞋子也做好了！到底是誰幫老鞋匠做鞋子的呢？老鞋匠又要如何感謝他們呢？
教學目標	1. 聆聽並回應故事，重現故事中片段的經驗（事）、場景（地）或人物（人）。 2. 探究鞋匠製鞋的歷程，並嘗試用默劇動作表現出來。 3. 探究小精靈的外形及動作特徵，並嘗試將之表現出來。 4. 重述故事的開始、中間與結束，並了解人物關係或衝突元素。 5. 運用簡單的道具，表現個別角色的特色。 6. 在戲劇扮演中，隨機地與其他角色進行對話。 7. 重述故事的開始、中間與結束，並了解人物之間的關係。 8. 思考感謝小精靈的方式，並用小組肢體合作將之表現出來。
教學準備	鈴鼓、輕快音樂、眼鏡＆工作圍兜（用於扮演老鞋匠）、製鞋箱及工具（內含鞋樣、皮革、剪刀、針線、黏膠、錘子、鞋釘及一雙完工的小鞋）、課桌椅、白板、帽子（用於扮演客人）、不同造形小鞋子、翅膀（用於扮演小精靈）。
教學時間	每堂40分鐘，共4堂課。
教學大綱	第一堂：小徒弟學做鞋 第二堂：好心的小精靈 第三堂：新鞋開賣囉！ 第四堂：感恩的心

6

高級故事戲劇活動

老鞋匠與小精靈 I

小徒弟學做鞋

教學目標	1. 聆聽與理解故事，並重現故事中的片段。 2. 探究鞋匠製鞋的歷程，並嘗試用默劇動作表現出來。
教學準備	鈴鼓、氣氛音樂（輕快）；教師入戲扮演鞋匠的道具：眼鏡、工作、圍兜；製鞋箱及工具（內含鞋樣、皮革、剪刀、針線、黏膠、錘子、鞋釟及一雙完工的小鞋等）。

◆ **教學流程** ━━━━━━━━━━━━━━━━━━━━━● ◆ **教學小提醒** ━━━━━●

一、故事導入：老鞋匠的百寶箱

● 拿出一雙小鞋，詢問學生知不知道是誰做的？

● 告知學生製鞋的人要和大家見面，並提醒學生記得與他們問好，最後請大家閉上眼睛倒數10秒。

● 教師入戲扮演成老鞋匠（戴上眼鏡與穿上工作圍兜），先自我介紹並拿出製鞋箱中2到3樣工具，說明其用途與使用方式（如：鞋樣、皮革、錘子及鞋釟）。

　「大家好，我是一個鞋匠，已經做了三十幾年的鞋子，而這個箱子也已經跟著我三十幾年了！」

　「猜猜看裡面裝的是什麼東西？」

　「看看這個，你們知道這個錘子是做什麼用的？誰想上來敲敲看？」

　▶ 留意教師轉換成鞋匠的可信度。

　▶ 製鞋工具可能尋找不易，可使用圖片替代說明。

● 教師繼續以鞋匠身分討論製鞋流程及所需工具。

　「我做的鞋子都是為客人量身訂製的。」

　「首先，做鞋的第一個步驟就是要打版。」

　「你們知道要怎麼打版嗎？」

　「接著，要做什麼？」

　「最後呢？」

　「我要繼續去做鞋了，下次見！」

　▶ 製鞋可參考相關資料，介紹重要步驟即可。

　▶ 口述的部分以動作描述為主，並盡量詳細，以便協助學生發展動作細節。

二、故事發展：小徒弟學做鞋

● 恢復教師身分與學生回顧剛才製鞋的流程與工具。

　「記得剛剛鞋匠做鞋要先怎樣？」

　「開始打版時要用哪些工具做鞋子？」

　「後來呢？你想設計什麼樣的鞋子？」

三、故事分享：小徒弟學做鞋

- 以口述默劇的方式將剛才學生創意想法連結起來，配合輕快音樂，引導學生以默劇動作呈現完整的製鞋流程，最後分享個人的鞋子。

   「當老師拍一下鈴鼓後，你們就會變成鞋匠的小徒弟。」

   「小鞋匠們，現在用自己的腳打版，接著把版剪下來，選一塊皮革，設計一個款式，描出圖形並剪下來，最後用針線把皮革縫起來，大家的鞋子就完成囉！我們來試穿自己做的鞋子吧！」

   ▶ 口述時要配合學生所表現的默劇動作，可用輕快的音樂作為背景。

四、故事回顧：老鞋匠的故事

- 回顧戲劇活動，討論鞋匠的工作哪裡最有趣？

- 繼續進行《老鞋匠與小精靈》的故事，並預測故事接下來的發展。

   「老鞋匠手藝非常好，而且心地很善良，經常為窮人家免費補鞋，久而久之，大家都會請他修鞋。」

   「不過這樣一來，老鞋匠的收入變得越來越少，但他還是很樂意做這份工作，因為他認為可以用自己的手藝幫助別人是一件非常快樂的事情。鞋匠的妻子雖然覺得生活過得很辛苦，卻還是一直支持著他。」

老鞋匠與小精靈 2
好心的小精靈

教學目標	1. 聆聽並回應故事，重現故事中片段的經驗（事）、場景（地）或人物（人）。 2. 探究小精靈的外形及動作特徵，並嘗試將之表現出來。
教學準備	課桌椅、鈴鼓、緩慢輕快的音樂。

◆ 教學流程 ●━━━━━━━━━━━━━━━━━━● ◆ 教學小提醒 ●

一、故事導入：老鞋匠的困境

● 敘述《老鞋匠與小精靈》故事。

「在一個寒冷的冬天，鞋匠的妻子生病了，他為了照顧妻子，做鞋的進度大幅落後，生意變得越來越差，當然也就沒有錢可以讓妻子看醫生。」

「一天夜裡，老鞋匠看著店裡剩下的牛皮，心想明天一定要做出一批鞋，賣出去賺錢給妻子看病。」

「沒想到隔天一早，鞋子已經做好了，之後的每天，鞋子都會自動完成。到底是誰在幫助老鞋匠？老鞋匠索性晚上不睡覺，要來一探究竟。」

▶ 這個故事有許多不同的版本，內容大同小異，建議剛開始不說完故事，留下伏筆。

二、故事發展：好心的小精靈

● 引導討論到底是誰這麼好心，願意在半夜跑來幫忙老鞋匠夫婦且不會被發現。

「你們覺得到底是誰在幫助老鞋匠呢？」

「原來是小精靈啊！」

● 引導討論小精靈的樣貌，並討論小精靈走路的方式。

「小精靈是怎麼走路呢？為什麼不會被鞋匠發現？」

● 全班分三組，成馬蹄形，分散在教室的三面牆。配合緩慢輕快的音樂，各組輪流從自己的位置出發，以小精靈走路的方式走到對面的牆邊。

「等一下音樂開始時，請你變成小精靈走一走看看，當音樂停的時候，請你定格在原地。」

▶ 三組輪流，鼓勵學生運用不同的走路姿態與方式移動。

好心的小精靈

三、故事分享：夜半訪客

- 討論小精靈如何進出老鞋匠家，進入後要在哪裡做鞋子以及老鞋匠夫婦的藏身處。

  「你們覺得小精靈是怎麼進入老鞋匠的家呢？」

  「要在哪裡做鞋？」

  「鞋匠夫婦會躲在哪裡？」

- 運用教室課桌椅布置老鞋匠的家或空間，並說明布置的空間與進出的方式（參見注一）

  「旁邊都是老鞋匠家的牆壁，有看到牆壁的細縫嗎？那就是小精靈進出的地方唷！」

- 全班分成三組，教師口述，引導變成小精靈的學生，經過門縫進入鞋匠家幫忙做鞋子。

  「被摸到頭的人會變成小精靈，進去老鞋匠的家。」

  「音樂開始時，請小精靈偷偷地從牆縫爬進老鞋匠家，開始做各式各樣的鞋子，音樂結束的時候就要偷偷從窗臺爬出來，回到原來的位置休息。」

- 全班分組練習與呈現，教師口述參考如下：

  「從前，在一個小鎮上有一位老鞋匠，自從鎮上開了一間新鞋店後，他的鞋子就再也賣不出去。小精靈知道了這件事後，決定要幫幫好心的老鞋匠。」

  「第一天晚上，小精靈（第1組學生）先在窗外看了看，確定老鞋匠已經去睡覺了，慢慢地從牆的縫隙中進入老鞋匠的家。先打版、再剪版、描皮革、剪皮革、縫鞋子，慢慢地天快亮了，小精靈小心地將做好的鞋子放好，輕輕地離開。」

  「第二天晚上（第2組）⋯⋯；第三天晚上（第3組）⋯⋯。」

四、故事回顧：小精靈們的作品

- 討論各組小精靈做的鞋子，並假裝試穿看看。

  「請問你們到鞋匠家做了什麼樣的鞋子？」

  「這些鞋子有什麼特別的地方嗎？」

  「請你們試穿展示一下吧！」

▶ 此處以牆壁縫隙作為小精靈進出的地方，建議可依據學生的想法，布置或規劃老鞋匠的家及小精靈進出的地方。

▶ 建議以輕柔方式討論，並強調別吵醒老鞋匠夫妻。

▶ 分享的步驟，可於全班呈現結束後，討論與分享；也可每組呈現完畢即刻分享，如此可以作為下一組呈現的參考。

注一：空間布置圖示

6

高級故事戲劇活動

老鞋匠與小精靈 3

新鞋開賣囉！

教學目標	1. 重述故事的開始、中間與結束，並了解人物關係或衝突元素。 2. 運用簡單的道具，表現個別角色的特色。 3. 在戲劇扮演中，隨機地與其他角色進行對話。
教學準備	鈴鼓、白板、帽子（用於扮演客人）。

◆ **教學流程** ━━━━━━━━━●　　◆ **教學小提醒** ━━━━━━●

一、故事導入：老鞋匠發現了小精靈

- 敘述《老鞋匠與小精靈》後半部故事。
- 回顧前次活動內容。
  「在故事一開始，老鞋匠發生什麼事呢？後來呢？」
  「他發現了什麼樣的祕密？」
  「最後小精靈去哪裡了？」

二、故事發展：新鞋開賣囉！

- 討論前次活動中小精靈做的鞋子款式。
  「還記得你們扮演小精靈時幫鞋匠做了哪些鞋子？」
  「這些鞋子有什麼特色呢？」
- 邀請自願者穿上不同的鞋走路。
  「請問穿上運動鞋會怎麼走？穿上高跟鞋呢？」
  「如果今天你穿上的是芭蕾舞鞋，你會怎麼移動？旋轉？跳舞？誰可以來試試看穿上芭蕾舞鞋的樣子？」
- 全班分成數組，每組選擇同一種鞋子款式。

▶ 建議將討論內容記錄在白板上，作為之後分組可使用的資料。
▶ 可視情況加入音樂。
▶ 可多邀請幾位學生，呈現同一種鞋不同的走路方式。
▶ 每組盡量選擇不同的款式。

三、故事分享：客人買鞋大發利市

- 教師入戲為客人，運用巡迴戲劇方式，到各組購買鞋子，學生則扮演老闆，呈現鞋子的特色。
  「等一下老師戴上帽子後就會變成客人，要買鞋子，請各組介紹鞋子的功能和試穿鞋子給客人看。」
  「記得呈現最有特色的一面，這樣客人可能就會買喔！」（教師戴上帽子成為客人）
  「請問你們賣的是什麼鞋呢？可以穿給我看看嗎？」

▶ 建議入戲為客人後，可以購買全部的鞋，增加學生的信心。

四、故事回顧：小精靈們的作品

- 討論剛剛各組鞋子的特色。
- 預測故事接下來的發展。

感恩的心

教學目標	1. 重述故事的開始、中間與結束，並了解人物之間的關係。 2. 思考感謝小精靈的方式，並用小組肢體合作將之表現出來。
教學準備	鈴鼓、不同造形小鞋子、音樂、翅膀（用於扮演小精靈）。

◆ 教學流程 ━━━━━━━━━━━━━━━━━━ ◆ 教學小提醒 ━━━━

一、故事導入：感謝小精靈的幫助

● 敘述故事並討論感謝小精靈的方式。

「因為有了小精靈的幫助，老鞋匠的鞋子全部賣光。」

「老鞋匠想要謝謝小精靈，可是不知道要怎麼感謝，
　你們可以幫忙想辦法感謝小精靈嗎？」

▶ 鼓勵學生思考除了禮物之外的感謝方式。

二、故事發展：小精靈的禮物

● 以走走停停的方式，運用自己的身體變出送給小
　精靈的禮物，可來回反復數次。

「剛剛我們討論了那麼多的禮物，等一下要請你們用
　身體變出來。」

「老師搖鈴鼓的時候，請你們在空間中走路，當老師
　拍兩下鈴鼓時，請你們每個人定格變成一個禮物。」

「老師拍到肩膀時，請和大家說你是什麼禮物。」

▶ 這是故事的番外篇。

三、故事分享：感恩的心

● 全班分成數組，參考之前的討論，決定送給小精
　靈的一個禮物和一句話，並用靜像畫面呈現出來。

● 教師入戲扮演小精靈，巡迴各組，接受大家的感謝。

「等一下老師戴上翅膀就會變成小精靈。」

「小精靈會走到你們那組，接受大家的感謝唷！」

「準備好了嗎？1、2、3，定格不動！」

▶ 需提醒學生呈現中沒有小
　精靈。
▶ 提醒學生可由多人的肢體
　合作變成一個禮物。

四、故事回顧：故事的尾聲

● 敘述故事尾聲

「老鞋匠感謝了小精靈的幫忙後，他的鞋店生意越來
　越好，小精靈從此再也沒出現了，或許小精靈去幫
　助其他需要幫助的人了！」

● 綜合討論與分享。

「請問大家還記得老鞋匠與小精靈的故事嗎？」

「請問大家對哪個活動印象最深刻呢？」

巨人與春天
（樂於分享）

［高級課程］

故事摘要	在一個大雪紛飛的冬夜，被寒風冷醒的巨人正要起身關窗，正巧瞥見雪地裡有個被凍得全身發抖的孩子，巨人趕緊把他帶進屋子裡，準備好吃的食物和熱水幫他暖暖身子。小孩笑了，這一笑使得屋子裡的草長出新的綠芽，花也開了，原來這個孩子是春天。 自從春天來了以後，巨人既溫暖又開心，他自私地想擁有春天，不願讓春天離開，便將春天關在自己家裡，但春天想出去，整天悶悶不樂的，巨人看了也不好受，到底巨人應該怎麼做呢？

教學目標

1. 探究各式花朵的外形與特徵，並嘗試將之表現出來。
2. 在戲劇扮演中，隨機與其他角色對話及回應問題。
3. 描述故事的主要內容。
4. 探究春天的外形及動作特徵，並嘗試將之表達出來。
5. 嘗試解決故事中的焦點問題，並透過小組合作，發展讓春天開心的方法。
6. 探究巨人的外形、日常生活、心理及情緒等特質，並嘗試將之表現出來。

教學準備

《巨人與春天》（郝廣才，格林文化，2010）、眼鏡和圍巾（用於扮演巨人）、蝴蝶結（用於扮演春天）、種子、小花環、小洋裝、小雨傘、一碗水、葉子等代表春天的物件、鈴鼓、電光膠帶、圖畫紙、彩色筆。

教學時間

每堂40分鐘，共4堂課。

教學大綱

第一堂：巨人的花園
第二堂：沒有春天的日子
第三堂：巨人的日常生活
第四堂：春天回來了

巨人與春天 I
巨人的花園

教學目標	1. 探究各式花朵的外形與特徵，並嘗試將之表現出來。 2. 在戲劇扮演中，隨機與其他角色對話及回應問題。
教學準備	眼鏡和圍巾（用於扮演巨人）、鈴鼓、電光膠帶。

◆ 教學流程 ────────────── ◆ 教學小提醒 ──────

一、故事導入：巨人的花園

● 敘述《巨人與春天》的故事

「從前有個巨人，他有一個漂亮的花園，裡面開滿了各
式各樣的花。常常吸引附近的小朋友來玩耍。」

● 引導學生運用手、腳與全身，發展花園裡的花。

「你們覺得巨人的花園裡有哪些花呢？」

「想想看，你的手可以怎麼變出一朵花？」

「如果用腳呢？可以變成什麼花？」

「請用身體變出一朵花，老師數到3後定格不動。」

「3、2、1、定格，等一下被老師拍到肩膀的人，請　　　　　　　▶ 視情況決定分享的人數。
告訴我你是什麼花？」

二、故事發展：花園裡的遊戲

● 討論小朋友在花園裡玩的遊戲。

「住在附近的小朋友都很喜歡這個花園，常常跑來花
園裡玩，你覺得他們會在花園中玩什麼遊戲呢？」

「如果小朋友想玩迷宮，你們覺得可以怎麼玩呢？」

「鬼抓人怎麼玩？鬼要躲起來嗎？躲起來後呢？」

● 依據學生的討論，選擇一至兩項遊戲進行。以下　　　　　▶ 「水果大風吹」的活動可
將以水果大風吹為例：　　　　　　　　　　　　　　　　　參考「林玫君（2016），

「地上的框線內是巨人的花園，外面是小朋友的家，　　　　　《兒童戲劇教育：肢體與
大家都可以在花園裡面玩遊戲唷！」　　　　　　　　　　　聲音口語的創意表現》，

「請問大家知道有哪些水果呢？」　　　　　　　　　　　　臺南市：復文圖書」。

「那我們決定選蘋果、香蕉和柳丁三種水果。」

「請大家圍圈，接著1、2、3報數。1是蘋果、2是香
蕉、3是柳丁。」

「等一下，老師會說『吃水果』，你們要說『吃什
麼』，老師吃到你的那種水果就要換位置；那如果老
師說水果沙拉就是全部的人都要換位置！」

三、故事分享：花園的主人

● 教師入戲扮演巨人，打斷進行中的遊戲。

「等一下老師會戴上圍巾和眼鏡變成巨人，如果小朋友
會害怕，請回自己的家。」

「請大家繼續玩『水果大風吹』的遊戲。」

「你們這些小孩，講了都不聽，叫你們不要來我的花
園，還偷偷進來，講過多少遍了，這花園是我私人
的，不歡迎你們，出去，通通出去！」

「（巨人自述）這些小孩一來就讓我的花掉得到處都
是，我寶貴的花（撿起花做出捨不得的樣子），都被
破壞了。這是什麼？衛生紙？怎麼會有垃圾在我的花
園裡，這些小孩動不動就破壞我的花、製造垃圾，我
要來想辦法把花園圍起來，才不會有小孩進來。」

四、故事回顧：討厭小朋友的巨人

● 討論小朋友喜歡到花園玩的原因。

● 討論巨人不喜歡小朋友到花園玩的原因。

「巨人剛剛怎麼了？為什麼要生氣？」

「他為什麼不喜歡小朋友來花園？」

● 全班一起預測故事接下來的發展。

▶ 提醒事先所建立的默契
（框線外是小朋友的家，
所有的演出都會在框線中
呈現）。

巨人與春天 2
沒有春天的日子

教學目標	1. 探究春天的外形及動作特徵，並嘗試將之表達出來。 2. 在戲劇扮演中，隨機與其他角色對話及回應問題。 3. 嘗試解決故事中的焦點問題，並透過小組合作，發展讓春天開心的方法。
教學準備	種子、小花環、小洋裝、小雨傘、一碗水、葉子等代表春天的物件、蝴蝶結（用於扮演春天）、鈴鼓。

◆ **教學流程** ━━━━━━━━━━━━━━ ◆ **教學小提醒** ━━━━━━

一、故事導入：巨人與春天

● 回顧上節課巨人在花園的舉動，討論背後原因。

「巨人在花園做什麼？」

「為什麼要趕走小朋友？」

● 敘述《巨人與春天》的故事。

「一天巨人走到窗戶邊準備把窗戶關上時，發現一個可憐的小孩在雪地裡冷得直發抖。巨人趕緊將他抱進屋子裡面取暖，並且找東西給小孩吃，又讓他泡舒服的熱水澡，小孩好開心地拍手微笑，他一笑，屋子裡所有的花都開了，原來他是春天。」

「巨人很喜歡春天，每天都把他保護在家中，希望春天天天開心，但春天因為不能出門，很不快樂。」

二、故事發展：春天的模樣

● 展示春天的物品（例如：種子、小花環、小洋裝、小雨傘、一碗水、葉子等代表春天的物件），進行討論。

「這是什麼？」

「你覺得這些東西的主人是誰呢？」

「他長得是高還是矮？」

「是男生還是女生？」

▶ 建議象徵春天的物件盡量選擇小巧且具生意盎然感覺之物品。

● 討論並發展春天的外形與移動方式。

「春天可以被風吹來吹去，是一個很輕的精靈。」

「你們覺得春天會怎麼走路？」

▶ 在聲音部分，鼓勵學生發表自己對春天的聲音的看法，包括音量、節奏、速度。

「你們覺得春天在洗澡的時候會有什麼動作？」

「你們覺得春天的聲音如何？」

「請做出春天高興/生氣/煩惱/傷心等表情。」

三、故事分享：讓春天開心的方法

● 分組討論讓春天快樂的方法，並用靜像畫面呈現出來。

「有什麼方法可以讓春天快樂？」

「請小組討論後，用一張照片做出來。」

▶ 提醒學生，小組的畫面中並沒有春天這個角色。

● 教師入戲扮演春天，輪流到各組與之互動，並確認各組方法的可行性。

「當老師變成春天走到你們面前，就可以動起來逗春天開心，當我離開時請此小組原地坐下，觀賞其他小組與春天互動。」

▶ 若時間有限，可跳過這個步驟，直接敘述故事。

四、故事回顧：沒有春天的日子

● 敘述故事。

「在花園裡，春天不見了，花也都枯萎了，就連天氣都變得寒冷了起來。」

「村民們因為春天不見了，日子過得越來越不好，沒有食物可吃，甚至穿什麼都不會暖，越來越冷、越來越冷。」

● 討論今天的課堂內容，並預測故事接下來的發展。

▶ 主要運用講故事的方式，交代故事脈絡。

巨人與春天 3
巨人的日常生活

教學目標	1. 探究巨人的外形、日常生活、心理及情緒等特質，並嘗試將之表現出來。 2. 在戲劇扮演中，隨機與其他角色對話及回應問題。
教學準備	蝴蝶結（用於扮演春天）、眼鏡和圍巾（用於扮演巨人）、鈴鼓、圖畫紙、彩色筆。

◆ **教學流程** ━━━━━━━━━━━━━━━━━━━●　◆ **教學小提醒** ━━━━━━●

一、故事導入：我心目中的巨人

- 回顧上一堂課的活動，分享對巨人的感覺。
  「你覺得巨人應該長什麼樣子？」
  「他平常穿什麼？吃什麼呢？」
  「巨人是一個什麼樣個性的人呢？」

▶ 回顧步驟盡量不要省，這樣才能深入討論巨人的形象。

二、故事發展：巨人的日常生活

- 依據學生的討論，將巨人形象畫在紙上，作為示範。
  「巨人愛生氣，那他臉上可能會怎麼樣？」
  「巨人走路大聲嗎？那他都穿什麼樣的鞋子？」

▶ 示範討論過程中，教師可以提出一些預設想法，引導學生思考。

- 全班分四組，討論並在圖畫紙上畫下巨人的形象，最後各組與全班分享成品。

▶ 教師需適時提問，以了解圖像背後的成因，並深入探究巨人的個性。

- 討論巨人日常生活，並依據討論的內容（如：煮飯、打掃房子、洗衣曬衣及上街採買等），分配至小組發展細節，最後運用靜像畫面呈現出來。
  「你們覺得巨人平常都會做些什麼事情？」
  「那巨人煮飯所用的器具和一般人有什麼不同呢？」
  「巨人都吃些什麼呢？」

▶ 畫面中需有一個巨人在進行日常生活的事務。

三、故事分享：巨人與春天

- 教師入戲扮演春天，以巡迴戲劇的方式，與各組互動，但都拒絕巨人加入活動的邀請。
  「等一下老師戴上蝴蝶結就會變成春天。」
  「當春天走到你們面前時，小組內扮演巨人的人可以邀請春天一起做你們那組的事情，例如：煮飯。」

「當春天離開你們這組後，請原地坐下，觀賞其他小組
　與春天互動。」

四、故事回顧：巨人的心情

● 討論今天的課堂內容，並預測故事接下來的發展。

「你們對哪組畫的巨人印象最深刻？為什麼？」

「今天我們看了巨人哪些的生活片段呢？你對哪一個部
　分印象最深刻？」

「你們覺得故事接下來會如何發展呢？」

春天回來了

教學目標	1. 以『說服』的方式嘗試解決故事中的焦點問題，發展或再創故事情節。 2. 在戲劇互動中，即興發展兩人或三人的對話。
教學準備	眼鏡和圍巾（用於扮演巨人）、鈴鼓、輕柔音樂。

◆ **教學流程** ━━━━━━━━━━━━━━━━━●　　◆ **教學小提醒** ━━━━━●

一、故事導入：說服巨人

● 討論如何說服巨人放春天出來。

「怎麼辦？春天一直在巨人家裡也不是辦法。再這樣下去，村子裡面的人都會餓死。」

「我們要怎麼說服巨人放春天出來呢？」

▶ 在實際進行說服前，必須確認學生是否已想出可行的方法。

● 教師入戲扮演巨人，與學生互動。

「聽說你們找我？我不可能把春天放出來的，他是我最好的朋友，如果沒有春天，我會很無聊。」

「你們願意當我的朋友嗎？」

「如果我改掉愛生氣的毛病，你們就願意接受我嗎？」

▶ 建議巨人可以提出他的困難與問題，並請求協助。

二、故事發展：春天的花朵

● 討論與發展花園的花由盛開到枯萎、由枯萎到盛開的樣子。

「你覺得春天的花朵應該長什麼樣子呢？等一下當老師拍兩下鈴鼓，請你變成一朵盛開的花。」

「春天不見了，花朵會漸漸枯萎，當老師從1數到10，你就慢慢地枯萎了。」

「但當春天回來了，花也慢慢盛開。當老師從1數到10，請你慢慢盛開。」

▶ 建議可搭配輕柔的音樂。

▶ 建議可以慢慢數到10，盡量給學生肢體扭轉展現的機會。

三、故事分享：春天來了

● 教師以口述默劇的方式，請學生將故事結尾演出來。

「就在某一天，春天回來了，來到了花園，花園的花慢慢地、慢慢地開了，越開越大、越開越漂亮，甚至比之前還要大朵呢！村子裡的人開始起舞，很高興春天到來，很高興生活可以持續下去！」

▶ 邊敘述故事可邊搭配輕柔的音樂。

春天回來了

四、故事回顧：故事的尾聲

● 綜合討論與分享。

「大家還記得巨人與春天的故事嗎？」

「請問大家對哪個活動印象最深刻呢？」

野獸國
(愛與被愛)

［高級課程］

故事摘要	一天晚上阿奇穿上了野狼外套，大撒野了一番，結果被媽媽大罵一頓，還罰他不准吃晚餐。被媽媽罵的阿奇氣憤地回到房間，竟然走入了他的幻想世界。阿奇搭著一艘小船進入了野獸國，成為野獸國的老大，在和野獸們一陣狂歡後，阿奇開始想家了。最後阿奇再度乘著小船回到現實的世界裡，而且他回到家發現一份熱騰騰的晚餐正在等著他呢！
教學目標	1. 聆聽並回應故事，重現故事中片段的經驗（事）、場景（地）或人物（人）。 2. 辨認阿奇和媽媽的行為動機和感覺，辨識自己與媽媽間的關係，並將之運用於戲劇互動中。 3. 探究現實生活中房間的傢俱、幻想森林中的植物及野獸外形與動作特徵，並嘗試將之表達出來。 4. 在戲劇互動中，隨機地與其他角色進行對話或回應問題。 5. 探究野獸國的日常生活，並嘗試將之表現出來。 6. 重述故事的開始、中間與結束，並了解阿奇與媽媽以及與野獸之間的關係。 7. 嘗試解決阿奇想家的問題，透過小組合作發展及再創故事情節。 8. 探究學生對於阿奇離開野獸國的想法。
教學準備	《野獸國》（莫里斯‧桑達克，漢聲雜誌譯，2010，英文漢聲）、阿奇手偶、圍裙（用於扮演媽媽）、布（用於扮演變成小野獸的阿奇）、獸皮（用於扮演變成野獸）、權杖（用於扮演變成野獸長老）、王冠（用於扮演變成國王的阿奇）、鈴鼓、輕柔音樂、節奏漸快的音樂、電光膠帶。
教學時間	每堂40分鐘，共5堂課。
教學準備	第一堂：調皮的阿奇　　　第四堂：阿奇與野獸國 第二堂：阿奇的異想世界　第五堂：阿奇大王想家了 第三堂：野獸國狂歡

野獸國 I
調皮的阿奇

教學目標	1. 聆聽並回應故事，重現故事中片段的經驗（事）、場景（地）或人物（人）。 2. 辨認阿奇和媽媽的行為動機與感覺，辨識自己與媽媽間的關係，並將之運用於戲劇互動中。
教學準備	阿奇手偶、圍裙（用於扮演媽媽）、鈴鼓。

◆ 教學流程 ──────────●　　◆ 教學小提醒 ──────

一、故事導入：卡嗞卡嗞動動動！

- 以「全身上下動一動」的方式，引導學生逐一探索身體各個部位移動的方式，接著以口述的方式，讓學生從手指開始，將不同身體的部位連結成連續性的動作，最後定格成為一個雕像。

  「大家動動你的手指，它可以怎麼動，還有呢？」

  「現在把剛才的動作再做一次，但這次必須是做連續動作。」

  「等一下聽到老師拍兩下鈴鼓時請定格。」

  「想想看，你創造出來的是什麼東西呢？」

  「我們再試一次，等一下停下來時，想想看你變成了一隻什麼樣的野獸？」

二、故事發展：調皮的阿奇

- 利用阿奇手偶介紹主角阿奇的外形、穿著及人物特點。

  「我的名字叫阿奇，爸爸每天都要上班，媽媽則是成天忙著工作和家務，沒時間管我，更沒時間陪我玩。家裡只有我一個小孩，沒有玩伴，我覺得很寂寞，也很無聊。」

  「這件是我最喜歡的睡衣裝，只要我穿上它，就會變成野獸，可以到處玩！」

- 討論二至三項調皮的事情並發展默劇動作。

  「你們有做過什麼讓媽媽生氣的事呢？」

  「當我數到3，請做出一項會讓媽媽生氣的動作。」

▶ 「全身上下動一動」的活動可以參考「林玫君（2016），《兒童戲劇教育：肢體與聲音口語的創意表現》，臺南市：復文圖書」。

▶ 進行時，建議逐步加入身體不同部位。

▶ 若無手偶，老師可運用教師入戲的技巧自述故事。

▶ 從自身的經驗出發較容易產生共鳴，且容易有多元表現。

▶ 討論二至三項調皮的生活事件，視上課時間彈性調整。

「1、2、3，定格，這是1號動作，請記下來。」
「除了這個動作還有哪些調皮事情讓媽媽生氣？」
（以此類推，做出三種不同的動作）

- 討論二至三項乖巧的事情並發展默劇動作。
「你做哪些事情時媽媽會覺得開心呢？」
「除了掃地、拖地這些打掃的工作，還有呢？」
「當我數到3，請做出一項會讓媽媽開心的動作。」
「1、2、3，定格，這是1號動作，請記下來。」
（以此類推，做出三種不同的動作）

三、故事分享：調皮的阿奇

- 教師入戲扮演媽媽，學生扮演阿奇，當媽媽面對阿奇時，阿奇表現良好，當媽媽轉身後，學生依剛才的討論，輪流做出各種不同的調皮事情。

  ▶ 此活動原型為「1、2、3，木頭人。」

「阿奇看到媽媽時會做什麼呢？」
「阿奇沒有看到媽媽時會做什麼呢？」
「當老師穿上圍裙就會變成媽媽，你們變成阿奇。」
「阿奇，媽媽要煮你最喜歡的炒飯，要乖乖喔！」
（轉身背對學生）
「奇怪，我怎麼聽到吵鬧聲，是你們在吵架嗎？」
（轉身背對學生）
（以此類推，反復二至三次）

四、故事回顧

- 綜合討論與分享。
「今天我們做了哪些事呢？」
「你們最喜歡哪個活動呢？」
「你們猜猜之後阿奇會發生什麼事呢？」

野獸國 2
阿奇的異想世界

教學目標	1. 探究現實生活中房間與幻想森林中的各式物件，並嘗試將之表達出來。 2. 聆聽並回應故事，重現故事片段中的經驗（事）、場景（地）或人物（人）。
教學準備	布（用於扮演變成小野獸的阿奇）、鈴鼓、輕柔音樂。

◆ **教學流程** ━━━━━━━━━━━━━━━━━━━━● ◆ **教學小提醒** ━━━━━━━━●

一、故事導入：看我變成小野獸

● 全班圍成圈，練習變成野獸的模樣。

「當老師從1數到10，請原地慢慢從人類變成野獸。」

「最後老師拍兩下鈴鼓，請在原地定格不動。」

「預備，開始，1、2、3……。」

▶ 以暖身活動作為導入。

● 回顧前一堂課程內容。

「阿奇的媽媽為什麼生氣呢？」

「結果，媽媽怎麼對待阿奇呢？」

二、故事發展：阿奇的房間

● 全班圍成圈，討論並想像阿奇的房間。

「想一想，阿奇的房間裡面有什麼東西呢？」

「除了床，還有哪些東西？」

▶ 討論完所有的想法後，再邀請學生進行扮演。

● 全班分批進入圓圈中扮演阿奇房間的物件，如書桌、衣架、電視等。

「這張床大不大，需要幾個人一起變呢？」

「這個垃圾桶要怎麼開啟？」

▶ 在學生扮演家具時，可適時提醒休息，以免因為固定姿勢而太累。

● 將學生再次變成家具，教師運用數數停格的方式，從1數到10，讓所有家具開始慢慢扭曲，變成森林裡的樹木、藤蔓等植物。

「森林裡會有些什麼呢？」

「你們覺得剛才那些家具會變成森林裡的什麼呢？」

「待會老師拍一下鈴鼓請變回阿奇房間的家具。」

「接著，老師會從1數到10，你們會從家具慢慢變成森林裡的植物唷！」

▶ 建議當房間轉化為森林時，可加入輕柔的音樂作為背景，學生的扭轉動作會隨音樂逐漸變慢。

三、故事分享：阿奇的異想世界

● 教師入戲成為阿奇，進入房間與其中的家具互動，接
  著引導學生搭配音樂變成森林裡不同的植物。

  「當老師披上這塊布後，就會變成阿奇走進房間。」

  「當音樂響起時，你們就要慢慢地從家具變成森林裡
    的植物們。」

  「最後當老師說『這裡是哪裡』時，全部都要定格不動。」

  「準備好了嗎？請大家先變成阿奇房間的家具！」

  （教師披上布變成阿奇）

  「哼！媽媽不准我吃晚餐，真的太過分了（假裝踢椅
    子）！還要我待在房間裡面，沒關係，我就在房間
    裡面玩（開開關關電視）！」

▶ 並非所有學生都需邀請入圓
  圈中扮演，可留一半學生在
  圈外觀看。

四、故事回顧

● 回顧阿奇的經歷，並預告故事的後續發展。

  「剛才阿奇的房間發生了什麼事呢？」

  「你們變成了什麼家具？」

  「後來又發生了什麼事呢？」

  「所以你們覺得阿奇走入森林後會發生什麼事呢？」

野獸國 3
野獸國狂歡

高級故事戲劇活動

教學目標	1. 探究野獸的外形與動作特徵,並嘗試將之表達出來。 2. 在戲劇互動中,隨機地與其他角色進行對話或回應問題。 3. 聆聽並回應故事,重現故事片段中的經驗(事)、場景(地)或人物(人)。
教學準備	獸皮(用於扮演變成野獸)、布(用於扮演變成小野獸的阿奇)、鈴鼓、輕柔音樂。

◆ **教學流程** ━━━━━━━━━━━━━━━━━━━━━━ ◆ **教學小提醒** ━━━━━

一、故事導入:野獸國到了

● 敘述故事。

「阿奇的房間慢慢地變成了森林,遠處還傳來陣陣的海浪聲,原來是阿奇搭著『阿奇號』在海上航行。」

「『阿奇號』經過一天又一天,一月又一月,一年又一年,最後停在一座小島上。阿奇決定要下船去探險。」

「阿奇走著走著,突然聽到樹叢後面傳來一陣陣奇怪的聲音,仔細一看,發現一隻隻閃閃發光的眼睛,正在瞪著他。」

「忽然,他們跨出樹叢,張開大口,一步步向阿奇靠近。這時阿奇突然大叫『不許動!』他們嚇得跪下,並對阿奇大喊『大王!』」

► 故事情節的推動是透過教師的敘述,所以教師的敘述很重要。

► 敘述故事時,建議可加入海浪的音樂,增加戲劇氛圍。

二、故事發展:野獸的異想世界

● 全班討論野獸的外形與發展野獸的動作。

「你們覺得阿奇下船後,看到什麼?」

「你們有看過野獸嗎?你們覺得野獸應該長什麼樣子呢?」

「有尖尖的牙齒、大大的爪子,還有呢?」

● 兩人一組,一人扮演雕塑師,一人扮演黏土,進行「怪獸雕塑家」的活動。

「現在你旁邊有一塊黏土請幫忙捏成野獸的樣子。」

「等一下音樂開始時,就由雕塑師開始雕塑,音樂停止就要結束。」

► 可以請學生原地練習做出野獸的樣子,如「我數到3,請你定格變成野獸的樣子」。

► 「怪獸雕塑家」的活動可參考「林玫君(2016),《兒童戲劇教育:肢體與聲音口語的創意表現》,臺南市:復文圖書」。

142

「不要忘記手指頭、腳指頭都可以雕塑喔!」

- 教師入戲成為野獸與學生們運用「外星語」的方式交談及互動。

  「你們覺得阿奇要和野獸打招呼會說什麼話呢?」

  「那如果阿奇要問野獸這是哪裡又會怎麼說呢?」

  「等一下,當老師披上獸皮後就會變成野獸。」

  「當野獸走近你時,你們要以野獸國的話來回應牠。」

► 若有時間,學生可以角色互換,再做一次。

► 「外星語」的活動可參考「林玫君(2016),《兒童戲劇教育:肢體與聲音口語的創意表現》,臺南市:復文圖書」。

三、故事呈現:阿奇與野獸的相遇

- 教師入戲變成阿奇,學生變成野獸,以口述默劇的方式,先口述阿奇下船後的遭遇,再以外星話與野獸互動。

  「阿奇下了船,他發現在遠處的樹叢後,有很多對眼睛正瞪著他,他還聽到重重的喘息聲、看到尖尖亮亮的牙齒、還有爪子……那些野獸向阿奇大吼了幾聲,露出牠們可怕的牙齒,瞪著牠們猙獰的眼睛,一會兒又伸出牠們可怕的爪子。」

  「就在這時,阿奇使出最大的力氣,大吼了一聲:『不許動!』然後,瞪大雙眼,望向每一個野獸的眼睛裡,頓時之間,每個野獸好像中了魔法一般,心中非常的害怕。」

  「野獸們都很好奇這個小鬼怎麼有這番魔力,且正巧牠們群龍無首,正想找個頭來當牠們的大王。紛紛向阿奇俯首稱臣,野獸們大喊著『大王、大王』(做出膜拜的樣子),希望他能當牠們的大王。」

► 學生需有參與「外星語」活動的經驗,才能順暢地與野獸溝通。

► 並非所有學生都需邀請入圓圈中扮演,可留一半學生在圈外觀看。

四、故事回顧:阿奇下船了

討論今天的課程與故事後續可能的發展。

- 「阿奇搭著『阿奇號』到一個什麼樣的地方呢?」

  「他在小島上遇到誰?」

  「你覺得阿奇會和野獸們一起做哪些事呢?」

野獸國 4
阿奇與野獸國

教學目標	1. 探究野獸國的日常生活，並嘗試將之表現出來。 2. 聆聽並回應故事，重現故事中片段的經驗（事）、場景（地）或人物（人）。
教學準備	王冠（用於扮演變成國王的阿奇）、鈴鼓、節奏漸快的音樂。

◆ 教學流程 ━━━━━━━━━━━━━━━━━━━━● ◆ 教學小提醒 ━━━━━━━●

一、故事導入：阿奇變成野獸王

● 教師敘述故事。

「阿奇來到野獸國後，野獸們沒有見過阿奇，紛紛好奇地靠近他，阿奇馬上說：『不許動！』神奇的是，野獸們真的沒有動了，最後阿奇竟然變成野獸們的國王了。」

「阿奇在小島上和野獸們過著快樂日子，他們一起到森林裡摘果子、一起煮飯、一起整理睡覺的地方，還一起跳舞呢！」

二、故事發展：野獸國的生活

● 討論阿奇和野獸們平日一起做的事。

「野獸和阿奇平常會一起做什麼事呢？」

「到森林摘果子會怎麼摘呢？野獸和阿奇會怎麼合作呢？」

「他們平常除了吃果子外，還會一起吃什麼呢？」

「會怎麼一起準備食物呢？」

（以此類推共同討論「摘果子」、「煮飯」、「整理睡覺的地方」及「跳舞」等四件平常一起做的事情。）

▶ 可依據學生的回應，選定四項活動，進行討論。

● 全班分成四組，每組從選定的四項活動中挑選其一，討論發展該活動阿奇會做的動作，並與大家分享。

三、故事分享：跟著大王一起做

● 教師入戲成為阿奇，學生扮演野獸，教師依據前面討論內容做什麼動作、野獸們也要跟著做一樣的動作（以下將以跳舞為例）。

▶ 此活動可搭配鈴鼓製造快節奏的音效，亦可搭配節奏漸快的音樂。

阿奇與野獸國

「等一下，老師戴上王冠就變成阿奇。」

「當音樂響起，你們要跟著我一起做，音樂停的時候，就要和我一起定格，所有的動作一定要一模一樣唷！」

「跳舞！跳舞！對，很好，動頭、手、肩膀、腳，大家站起來，現在跳快一點！」

- 挑選2到3位學生戴上阿奇的王冠，帶領動作，讓大家隨著音樂自由地舞動。

▶ 進行此活動時，建議圍成圈，學生才可以看見彼此的動作。

- 當野獸們快樂地舞動時，教師扮演生氣的阿奇，口述參考如下：

「大王決定讓野獸們自己站起來跳出最拿手的舞，大家好高興，開始熱烈地舞動，東跳西跑，大吼大叫！」

▶ 延續快樂的氛圍，阿奇突然生氣，才有戲劇張力。

「一直到阿奇覺得受不了了（音樂結束），大喊：『停—！吵死了，你們這群野傢伙，太不像話了，全部都給我回山洞睡覺，罰你們今天不准吃飯！』」

四、故事回顧：阿奇生氣了

- 討論今天的課程與故事後續可能的發展。

「今天阿奇和野獸們一起做了哪些事呢？」

「最後發生了什麼事呢？」

「你覺得阿奇為什麼會生氣呢？」

「野獸們看到阿奇生氣會有什麼反應呢？」

▶ 不直接說出阿奇生氣的原因，作為後續討論的伏筆。

野獸國 5
阿奇大王想家了

教學目標	1. 重述故事的開始、中間與結束，並了解阿奇與媽媽以及與野獸之間的關係。 2. 嘗試解決阿奇想家的問題，並透過小組合作發展及再創故事情節。 3. 在戲劇扮演中，隨機與其他角色進行對話或回應問題。 4. 探究學生對於阿奇離開野獸國的想法。
教學準備	權杖（用於扮演變成野獸長老）、鈴鼓、電光膠帶。

◆ **教學流程** ━━━━━━━━━━━━━━━━━━━● ◆ **教學小提醒** ━━━━━━━━━●

一、故事導入：阿奇國王怎麼了

● 教師敘述故事。

> 「阿奇在野獸國當了好一陣子的國王，野獸們很聽阿奇的話。但奇怪的是阿奇最近總有些悶悶不樂，常常嘆氣，也常常發脾氣，到了晚上甚至還睡不著覺。」

二、故事發展：野獸會議

● 全班圍坐一圈，教師入戲成為野獸長老，學生扮演野獸，討論阿奇最近悶悶不樂的原因，並提出解決辦法。

> 「等一下老師拿起長老權杖時，我就變成野獸長老，你們就變成一群野獸囉！」
>
> 「阿奇國王最近不喜歡吃飯，也都愁眉苦臉，到底發生什麼事了？」
>
> 「如果阿奇國王真的想家，我們要怎麼留他呢？」

▶ 儘量討論留下阿奇的不同方法。

● 全班分成數組，運用靜像畫面呈現前面所討論出的挽留阿奇的方法。

▶ 提醒學生照片中不會出現阿奇。

三、故事分享：挽留阿奇

● 教師入戲扮演阿奇，以巡迴戲劇的方式，輪流至各小組中與學生互動。

▶ 互動時，建議不要一味地否決學生的方法，可以用「我再想想」回應學生。

● 運用觀點與角度的戲劇策略，請學生思考是否贊成阿奇離開野獸國。

「等一下老師會在教室中畫出一條線，兩端分別是贊
　成離開與反對離開，中間位置則是兩難或有些贊成
　與反對。」

「當老師拍一下鈴鼓時，請大家在線上選定位置並站
　好，老師拍兩下鈴鼓就不能再移動了！」

「你為什麼贊成阿奇離開？難道你不會捨不得嗎？」

► 若學生不太清楚線的位置，
　可運用電光膠帶，在地上清
　楚貼出一條線。

► 提醒學生在線的任何一個地
　方都可以站，越靠近贊成或
　越靠近反對都可以。

四、故事回顧：尾聲

● 教師敘述故事結局。

「阿奇最後還是決定離開野獸國，回到家，發現媽媽
　還是留了一碗他最喜歡的水餃給他。」

● 綜合討論與分享。

「大家還記得野獸國的故事嗎？」

「大家對哪個活動印象最深刻呢？」

6 高級故事戲劇活動

年獸外傳
（孤獨與友誼）

[高級課程]

故事摘要

很久以前，每到年三十晚上就會有一隻年獸來到人類的村莊，看到人就吞、看到牲畜也吃下肚，年獸體積龐大，所到之處，房屋無一倖免。後來人們知道年獸害怕看到紅色的東西，也知道年獸不喜歡聽刺耳的聲音，所以每當年獸來時人人都會穿上紅衣，家家戶戶也會張貼紅色春聯與放鞭炮嚇阻年獸。

但其實年獸也不想每年都到村莊裡打擾村民，牠是有苦衷的，讓我們一起來探究年獸的祕密，幫助年獸走入人群吧！

教學目標

1. 能運用個人動作、語言及小組默劇的方式清楚地表達自身過年的經驗。
2. 聆聽並回應故事，以肢體動作重現故事的片段。
3. 在戲劇扮演中，隨機與其他角色進行對話或回應問題。
4. 探究現實生活中，各種職業的人物外形與動作特徵，並嘗試將之表達出來。
5. 運用簡單人聲及器具，表現人物情感與環境特色。
6. 運用想像轉化人物、情境及物品的意象，融入小組戲劇互動中。
7. 探究年獸的外形、動作特徵、日常生活、心理情緒與社會關係，並嘗試將之表現出來。
8. 重述故事的開始、中間與結束。
9. 綜合運用旁白、獨語或對白於小組/團體的戲劇互動中。
10. 運用各種音效媒材，製造故事氣氛以凸顯戲劇主題的特殊性。
11. 運用多元的視覺媒材或元素，象徵性地表現特殊的角色造形、場景，以凸顯戲劇的主題。

教學準備

過年用品（如鞭炮、紅包袋、春聯、打掃用具等）、魔法棒、帽子（用於扮演村長）、大腳印海報、椅子、年獸頭套（用於扮演年獸）、桌子、椅子、布、墊子、手電筒、食物模型、玩具、娃娃車與奶瓶、鈴鼓、牆報紙數張、彩色筆數盒、電光膠帶、音樂、演出相關道具。

年獸外傳
(孤獨與友誼)

教學時間	每堂40分鐘，共6堂課。
教學準備	第一堂：神祕的百寶箱 第二堂：家家戶戶齊過年 第三堂：村民的生活 第四堂：上山找年獸 第五堂：年獸的生活 第六堂：年獸外傳

年獸外傳 I
神祕的百寶箱

教學目標	1. 運用動作與語言清楚地表達自身過年的經驗。 2. 聆聽並回應故事。
教學準備	過年用品（如鞭炮、紅包袋、春聯、打掃用具等）、鈴鼓、牆報紙數張、彩色筆數盒。

◆ 教學流程 ─────────────────── ◆ 教學小提醒 ────────

一、故事導入：神祕的百寶箱

● 透過百寶箱中過年相關的物件（新帽子、春聯、紅包、炮竹、鑼鼓與打掃用具），請學生分享使用的經驗，同時記錄在牆報紙上。

「這個是什麼？什麼時候會用到這樣東西？」

「過年時，你們會拿這個東西做什麼事呢？」

▶ 將全班討論出與過年相關的活動列在牆報紙上，以利發展後續活動。

二、故事發展：過年初體驗

● 選定一項到二項學生分享的過年活動，全班以單人默劇的方式呈現。例如：穿新衣。

「老師拍一下鈴鼓，請原地開始穿新衣的動作，老師倒數五秒後，會拍兩下鈴鼓，這時請大家在原地定格不動。」

▶ 建議在進行此項活動時，可隨時口頭提醒學生留意動作、姿勢和表情。

● 學生定格後，教師運用思想軌跡的策略，至空間中隨機拍幾位學生肩膀並問問題，請學生即興回應。

「你現在在做什麼？」

「你是在哪裡做這件事呢？」

「你穿了什麼樣的衣服？」

● 重複上述兩項步驟，指定新的默劇動作，如：收紅包、放鞭炮、大掃除、祭祖拜拜、敲鑼打鼓等。「定格」後可拍幾位學生肩膀，問問題如下：

「請問你是自己做這件事還是很多人一起做呢？」

「你的紅包是誰給你的呢？」

「你在打掃哪裡？多久才完成這項清潔任務？」

「你手上拿的是什麼呢？」

▶ 建議每次可尋找不同的學生，與他對話。

三、故事分享：過年初體驗

- 介紹「年獸」原始故事，故事內容如下：

  　　每隔365天年獸都會跑到海邊的一個小村子中，破壞東西，甚至把村子裡的動物吃掉。但是自從大家開始運用紅色刺眼的春聯、製造各種刺耳的聲音後（如剁水餃、炮竹），年獸就不敢再來這個村子裡了！

四、故事回顧：年獸的故事

- 討論今天的課程內容與故事後續可能的發展。

  「請問今天我們做了哪些事情？」

  「你們覺得為什麼年獸會來這個村子裡？」

年獸外傳 2
家家戶戶齊過年

教學目標	1. 運用小組默劇的方式展現自身過年的經驗。 2. 聆聽並回應故事，以肢體動作重現故事的片段。 3. 在戲劇扮演中，隨機與其他角色進行對話或回應問題。
教學準備	過年用品（如鞭炮、紅包袋、春聯、打掃用具等）、魔法棒、鈴鼓、牆報紙、電光膠帶。

◆ **教學流程** ━━━━━━━━━━━━━━━━━ ◆ **教學小提醒** ━━━━━

一、故事導入：過年百寶箱

- 全班回顧百寶箱的物件以及曾做過的過年活動。

  「還記得上次的百寶箱嗎？裡面有哪些東西呢？」
  「那上次我們拿這些東西做了哪些事？」

▶ 全班可圍圈討論，使學生能看到彼此，以利後續活動的進行。

二、故事發展 I：家家戶戶齊過年

- 選定一項過年活動，如貼春聯，教師邀請一群自願者至臺前，示範小組應如何合力完成此項活動的靜像畫面。

  「請一位小朋友到圓圈中做出貼春聯的動作。」
  「你們覺得他是誰？旁邊還會有哪些人？他們會在做什麼呢？」
  「春聯要貼在哪裡？要怎麼用身體表現那個地方？可以用我們的身體來扮演嗎？」
  「最後，我們要用一張照片呈現出來。」

▶ 可根據討論內容邀請學生輪流上臺，擔任不同角色與臺上學生互動，並在最後呈現一個完整畫面。如媽媽在門口（學生扮演門）指揮著學生貼春聯。另外，兩個小孩在旁邊拿著兩張春聯準備遞給爸爸。

- 四至五人一組，每組給予一項百寶箱物件，討論後以靜像畫面呈現與物件相關活動，教師可進入小組協助討論。

  「大家放過鞭炮嗎？你們是和誰一起放鞭炮呢？」
  「放鞭炮時旁邊的人都在做什麼呢？」
  「除了摀住耳朵，還會做什麼事情呢？」

▶ 若學生對分組空間不清楚，建議可用電光膠帶貼出小組活動範圍。

- 當一小組呈現時，教師亦可邀請該組靜像畫面動起來，以「流動畫面」方式呈現更多細節。

  「當我拍一下鈴鼓，你們就做出自己的靜像畫面！」
  「當老師再拍一下鈴鼓時，你們可以開始動，老師數5後，會再拍兩下鈴鼓，大家就定格不動！」

▶ 動起來的過程中，可請學生適時加入臺詞。

三、故事發展 II：年獸害怕什麼呢？

- 討論年獸害怕的事，如紅色刺眼的春聯、各種刺耳
  的聲音（如剁水餃、炮竹）或其他，並將之記錄在
  牆報紙上。

- 與學生討論運用百寶箱物件對付年獸的方法。
  「你們知道年獸怕什麼嗎？」
  「你會用什麼方法對付年獸呢？」
  「除了春聯和鞭炮聲，還可以用什麼方法呢？」

四、故事分享：我們一起演出來（年獸的原始故事）

- 教師運用「故事棒」的方式，串連之前討論的過年
  活動與年獸到村中的情景，請學生將故事演出來。

  ▶ 教師可依據教室中的狀況彈性選擇自己是否入戲為年獸。若教師無法掌控秩序，建議年獸可邀請學生一人扮演，若師生間默契足夠，則由教師扮演年獸與學生互動。

  「老師等一下要說年獸的故事，而你們則要幫我變成故
  事中的人物。」
  「老師手中有一個魔法棒，當老師揮一下棒子小朋友就
  會幫忙變出故事的場景，自行站起來到圈圈中表演，
  其他人就當觀眾；當我再揮一下棒子時，表演的人就
  回到座位上，我再繼續講故事。」
  「從前，在一個遙遠的地方有個小村莊，村裡住著各式
  各樣的村民。今天就是過年了，有的人開始穿起新衣
  服，有的人開始放起鞭炮，有的人貼著新的春聯，有
  的人到處發紅包，說著新年快樂，家家戶戶充滿著過
  年的氣息。可是，年獸來了，年獸看到村民的新衣
  服，就被大大的紅色給嚇跑，跑得氣喘吁吁的年獸坐
  到正貼著春聯的家門口，村民拿著春聯直逼年獸，讓
  牠閉起眼睛不敢直視，轉頭又被放鞭炮的聲音給嚇
  到，一群拿著紅包的村民也被嚇到向年獸丟出手上的
  紅包，就這樣年獸跑離了村莊，今年再也不敢來
  了。」

五、故事回顧

- 全班討論本次上課的課程內容與預測故事接下來的
  發展。
  「還記得我們今天進行了哪些活動嗎？」
  「你們覺得被趕跑的年獸會去哪裡呢？」
  「牠還會再來嗎？」

年獸外傳 3
村民的生活

教學目標	1. 探究現實生活中，各種職業的人物外形與動作特徵，並嘗試將之表達出來。
	2. 在戲劇扮演中，隨機與其他角色進行對話或回應問題。
教學準備	帽子（用於扮演村長）、大腳印海報、鈴鼓。

◆ **教學流程** ━━━━━━━━━━━━━ ◆ **教學小提醒** ━━━━━

一、故事導入：村民對付年獸的方式

● 請全班圍坐一圈，回顧村民如何對付年獸。

「大家還記得之前我們想出什麼方式對付年獸嗎？」

二、故事發展：村民生活大公開

● 討論村民的職業並邀請2到3位學生以默劇動作呈現。

「你們覺得村民可能是做什麼樣的工作？」

「警察會做什麼事？消防隊員呢？」

「如果你是警察，你覺得警察的動作是什麼？為什麼要吹哨子，指揮交通嗎？」

▶ 全班圍坐成一圈，較能看到彼此的動作。

▶ 不要問太多問題，以免時間拖得太長。

● 邀請全班在定點上，各自選定一種村民的職業，全體同時以默劇方式呈現各種不同的工作。

● 在圓圈中輪流分享個別選擇的動作，讓其他學生猜猜看所扮演的是何種職業。

「你是做什麼工作的呢？」

「再想一下，可以換什麼動作讓大家猜得到？」

「農場主人會做什麼？他為什麼要把羊趕到這？」

「他會怎麼開計程車？可以載幾位客人？」

● 邀請全體學生以村民的角色游走在空間中，當教師喊停時，需停下來與其他村民互動，當老師喊走的時候，大家繼續在空間遊走，反復「停」與「走」數次，讓村民們互動。

▶ 若老師沒把握，此步驟可省略。

三、故事分享：召開村民大會

● 教師入戲為村長，學生扮演村民，進行村民大會並討論年獸再次出現的可能性。

「前幾天晚上睡覺時有沒有感覺地在搖呢？你們覺得
　為什麼會發生地震呢？」

「而且，在我巡視村莊時，發現地上有好多好多的大
　腳印（秀出已畫好的海報），你們知道這是誰的腳
　印嗎？」

「還有人晚上聽到哭聲，你們覺得是誰在哭呢？」

「村子到底發生了什麼事情？」

「拜託大家今天晚上要繼續觀察村子裡到底發生什麼
　事。」

四、故事回顧：村子裡到底發生什麼事呢？

● 師生針對剛剛的會議進行綜合討論。

「剛剛村長說了什麼呢？」

「你們覺得村子到底發生什麼事了？」

「大家等一下可以上山幫忙看一下，有沒有什麼奇怪
　的地方。」

▶ 把握此討論「製造懸疑」
及「讓學生懷疑是年獸又
來了」兩項主軸。

155

6

高級故事戲劇活動

年獸外傳 4
上山找年獸

教學目標	1. 運用簡單人聲及器具，表現人物情感與環境特色。 2. 運用想像轉化人物、情境及物品的意象，融入小組戲劇互動中。 3. 探究年獸的日常生活，並嘗試將之表現出來。 4. 在戲劇扮演中，隨機地與其他角色進行對話。
教學準備	桌子、椅子、布、墊子、手電筒、食物模型、玩具、娃娃車與奶瓶、鈴鼓。

◆ **教學流程** ━━━━━━━━━━━━━━● ◆ **教學小提醒** ━━━━━━━━

一、故事導入：村子裡到底發生什麼事呢？

- 回顧前一堂課中村子發生的奇怪事件，如地震、大腳印、哭泣聲。

- 運用聲音故事的方式還原當時場景。
  「你覺得地震的聲音是什麼？要怎麼發出來？」
  「大腳印踩在地上會發出什麼聲音？」
  「哭聲是大聲還是小聲？會越來越大聲嗎？」

  ▶ 「聲音故事」的活動可參考「林玫君（2016），《兒童戲劇教育：肢體與聲音口語的創意表現》，臺南市：復文圖書」。

二、故事發展：上山找年獸

- 討論上山的注意事項，並建立師生默契。
  「大家準備好要上山找出年獸了嗎？」
  「請問上山大家要注意什麼事情呢？」
  「如果不能遵守我們的約定，要怎麼辦呢？」

  ▶ 透過此機會跟學生約法三章或建立規則，如違規則取消上山的資格。

- 教師在教室四周放置桌子（表示山洞）、椅子（石頭），並將代表睡眠（布、墊子）、飲食（蔬菜水果模型）、遊戲（玩具）、照護（娃娃車、奶瓶）等物件，放在教室四周、桌子（山洞）或椅子（石頭）旁邊。

  ▶ 建議將物件放在教室四周擴大活動空間，避免學生擠在一起。

- 將全班分成兩組輪流出發，在關上燈光後，由教師持手電筒並加入口述，帶領小組穿過山洞（桌下）觀察布、墊子，爬上石頭（椅子）偷看蔬菜水果模型等，直到四個地方都已觀察與經歷完畢。

  ▶ 分兩組時，一組在教室中間擔任觀眾並觀察第一組的上山挑戰。
  ▶ 建議教師在上山的過程中適時口述情境，以給予學生未來討論的線索。

上山找年獸

「你看，那裡有布還有墊子，為什麼會出現這些東西呢？」

「小聲點，不要被年獸發現了。」

「踩石頭的時候不要推擠，不然會掉下去喔！」

● 討論上山探險的經歷。

「你們剛剛上山時看到了哪些東西呢？」

「為什麼那裡有蔬菜與水果，年獸都吃這個嗎？」

「娃娃車跟奶瓶是給誰用的？」

「如果是年獸，他們家可能有哪些人呢？」

▶ 討論的重點應放在「年獸與人無異，都有家庭與生活」。

三、故事分享：年獸的日常生活

● 全班分成四組，每組給予一件山上看到的物件，請小組根據物件發展出一個靜像畫面（如：墊子、蔬菜水果模型、玩具、娃娃車）。

「年獸家裡有哪些人？」

「娃娃車是誰在坐的？誰要負責推娃娃車？娃娃車旁邊還會有哪些人呢？」

「請大家選定扮演的角色與動作，運用你們那組的物件，做出一個靜像畫面。記得，是不會動的喔！」

● 各組分享年獸家庭生活的畫面。

四、故事回顧：年獸的家庭生活

● 綜合討論年獸的家庭生活，引出年獸與人類無異的概念。

「今天我們上山發現了哪些東西？」

「依據這些東西可以想像年獸生活的哪些片段呢？」

6

高級故事戲劇活動

年獸外傳 5

年獸的生活

教學目標	1. 聆聽並回應故事。 2. 探究年獸的外形、動作特徵、心理情緒與社會關係，並嘗試將之表現出來。 3. 在戲劇扮演中，隨機地與其他角色進行對話或回應問題。
教學準備	椅子、年獸頭套（用於扮演年獸）、鈴鼓。

◆ 教學流程 ●────── ◆ 教學小提醒 ──────

一、故事導入：年獸的家庭生活

● 全班回顧上山探險的情景，並討論年獸的家庭生活與村中發生的異象。

「村子最近一直地震，還出現大腳印，而且晚上也有哭聲。結果，我們上山探險發現了什麼呢？」

「奇怪，我們的村子到底發生了什麼事呢？」

二、故事發展：年獸的樣貌

● 討論年獸的樣貌，並請自願者扮演年獸，分享牠的特色。

「請你用身體變出一隻年獸，3、2、1，變！」

「牠屁股翹很高，你們覺得這是年獸的哪裡呢？」

「為什麼你覺得年獸會扭來扭去？」

● 個人以定格的方式做出想像中的年獸。

「大家閉上眼睛想一下你想變成什麼樣的年獸呢？」

「想好了嗎？眼睛請打開。等一下老師倒數三秒，會拍兩下鈴鼓，請變出年獸的樣子唷！」

「準備好了嗎？3、2、1定格」

● 分享各自想像的年獸造形。

三、故事分享：和年獸說說話

● 教師入戲為年獸，與學生對談，年獸自我介紹參考如下：

「最近我們的村子偶爾也還是會地震和聽到有人哭，你們想要解決這個問題嗎？」

▶ 建議全班可圍圈進行此活動，如此可以讓大家看到彼此的創意。

▶ 若時間較少，建議可挑選幾位較具代表性的造形進行分享。

▶ 年獸角色建立如下：
  *因為孤單而偷玩具；
  *年獸不喜歡吃肉；
  *年獸只有六歲，而且沒有父母和朋友；
  *年獸不喜歡吵、不喜歡紅色，看到心情會不好，會跺腳。

158

年獸的生活

「老師決定邀請年獸來談談，希望大家幫牠解決問題！」

「等一下，老師戴上這個頭套就會變成年獸唷！」

「請問你們有看到我的爸爸媽媽嗎？牠們不見好久了。我們一家在這個山上已經住了好長一段時間。但我的爸爸媽媽不見後，我只能出去找東西喂飽自己、照顧自己。你們看到的那個墊子，就是我去撿的，軟軟的，躺在上面真舒服！還有，山上真的太冷了，所以我拿這個把自己包起來睡覺。然後，我還去那邊撿了好多水果，還去那邊——你們說的玩具。因為好無聊，就去拿玩具了！我等了好久，爸爸媽媽都沒有回來，就只好一直哭。」

▶ 對談時，主要建立學生的同理心，讓學生同理年獸，進而關懷並主動照顧牠。若對談無法聚焦，建議教師可用自述的方式，讓學生先認識年獸。

- 教師出戲，討論年獸與學生的對話，並請學生想一句要對年獸說的話，走到想像的年獸前，說出心中要對牠說的話或做的動作。

「大家在和小年獸聊完天之後有什麼感想呢？」

「假裝前面這張椅子是年獸，請大家想一句要對年獸說的話，並走到這裡和牠說，如果你想做一個動作也可以！」

▶ 可運用教室中具體的物件（如椅子或寫生板），蓋上一塊布作為想像的年獸。

四、故事回顧：學生的心情

- 綜合整理本次活動，邀請學生說說進行活動後的感覺與心情。

「今天我們做了哪些事？」

「年獸和你想像中的有哪些不一樣呢？」

教學目標	1. 重述故事的開始、中間與結束。
	2. 綜合運用旁白、獨語或對白於小組/團體的戲劇互動中。
	3. 運用各種音效媒材製造故事氣氛，以凸顯戲劇主題的特殊性。
	4. 運用多元的視覺媒材或元素，象徵性地表現特殊的角色造形、場景，以凸顯戲劇的主題。
教學準備	鈴鼓、音樂、演出的相關道具。

◆ 教學流程 ————————————● ◆ 教學小提醒 ————

一、故事導入：演出方式、情節的討論（第一次排練）

- 介紹鏡框式舞臺與環形劇場。

　「大家有看過表演嗎？觀眾都坐在哪裡？」

　「我們在外圈演出，觀眾在中間，大家覺得觀眾要如何看表演？」

　「如果要像是在文化中心看表演，那我們應該需要一個固定的舞臺，這個舞臺會在哪裡呢？演員進場、退場的位置又會在哪裡呢？」

▶ 建議將討論記錄在白板上。

- 討論故事情節，並決定發生順序。

　「還記得年獸還沒來之前，你們在做什麼？」

　「年獸來了後呢？發生了哪些奇怪的事？」

　「我們上山找年獸時，你們看到年獸在做什麼呢？」

　「原來年獸跟我們人類一樣，也有爸爸媽媽，小年獸好可憐，現在牠要出來了，你們會跟牠說什麼？」

▶ 此活動目標是回顧之前的戲劇活動，不會有新情節出現。

▶ 回顧時也幫助學生回想自己的工作。

▶ 情節順序建議可記錄在白板上，除了提醒學生，也可幫助教師潤飾故事。

- 最後決定演出的情節順序為：家家戶戶過年（小組）→奇怪的事（聲音故事）→上山找年獸（爬山大挑戰）→年獸的生活（小組）→與年獸對話（一對多、觀眾對年獸）。全班試排一次。

二、故事發展Ｉ：角色分配與情節回顧（第二次排練）

- 確認小組的角色、情節細部內容與所需道具。

　「記得你們各自負責的情節嗎？需要道具嗎？」

　「現在請小組到上次分配的位置，老師倒數五秒後，鈴鼓拍兩下請定格在你們過年在做的事情，老師再拍兩下鈴鼓，請開始做出你們的動作！」

年獸外傳

- 邀請一位學生扮演年獸，由教師口述故事情節，學生依序上臺演出完整故事（初次整排）。

  ▶ 建議由較乖巧不怕羞的學生從頭到尾扮演年獸。
  ▶ 建議在分組上臺或演員輪流上臺時，可運用配樂或打擊樂器，作為串場或提醒學生該上臺的聲音。

三、故事發展 II：增加臺詞與動作（第三次排練）

- 討論大家在演出中的臺詞。

  「過年買東西你會說什麼？誰會一起去?」

  「貼春聯的時候，你們會說什麼話？」

- 由學生扮演年獸，由老師口述故事情節的順序，學生依序上臺演出完整故事（第二次整排）。

四、故事分享：正式演出

- 學生事先製作邀請卡或海報，邀請家長或其他班級前來欣賞演出。

  ▶ 建議可於邀請卡中事先告知家長或觀眾，此為非正式演出，與一般正式演出有些微差距。

- 正式演出。

五、故事回顧

- 演出後，欣賞演出影片，並提出看法與建議。

  「你覺得大家演得如何呢？」

  「哪個地方演得很好笑或很棒？」

  「哪個地方是你們覺得需要改進的？」

國家圖書館出版品預行編目（CIP）資料

兒童戲劇教育：童謠及故事的創意
表現 / 林玫君著. -- 臺南市：林玫
君, 民 107.05
面； 公分
ISBN 978-957-43-5585-3 (平裝)
1.藝術教育 2.表演藝術 3.教學活動設
計 4.小學教學

523.37　　　　　　　107007639

書　　　名：兒童戲劇教育－童謠及故事的創意表現

作　　　者：林玫君（臺南大學戲劇創作與應用學系）

出 版 者：林玫君

文字編輯：李宜樺、林君如

美術設計：黃品森視覺設計工作室

出版地址：台南市中西區樹林街二段33號

電　　　話：06-2600419

出版日期：107年05月初版發行

定　　　價：新台幣320元

代理經銷：白象文化事業有限公司

經 銷 部：401台中市東區和平街228巷44號

電　　　話：04-22208589

傳　　　真：04-22208505

ISBN 978-957-43-5585-3〈平裝〉